piano

piano

Gérard Gefen

REPORTAGE PHOTOGRAPHIQUE Gilbert Nencioli

Éditions du Chêne

SOMMAIRE

Le *triomphe* de la *mécanique*

L'*Orphée citharède* de la mosaïque gallo-romaine de Blanzy-lès-Fismes.

Le génie de l'invention

D'humbles origines...

On peut imaginer que ce furent les chasseurs et les guerriers de la préhistoire qui remarquèrent que la corde de leur arc, mise en mouvement, émettait un son de hauteur variable selon qu'elle était plus ou moins longue ou plus ou moins épaisse. Sans doute notèrent-ils aussi que le son différait selon qu'on pinçait la corde, qu'on la frottait ou qu'on la frappait. De là découlent les trois grandes familles d'instruments à cordes : les instruments à cordes pincées, comme la guitare ou le clavecin ; les instruments à cordes frottées, comme les violes et les violons ; les instruments à cordes frappées, dont le piano est l'ultime illustration. Ainsi, contrairement à ce que l'on entend dire parfois, le piano ne descend pas plus du clavecin que l'homme du singe ; ils relèvent l'un et l'autre de lignées parallèles et totalement différentes.

En fait, par rapport à beaucoup d'instruments dont on trouve la trace dans la Bible et la littérature antique, le piano n'a que de tardives et humbles origines. Du reste, contrairement à la guitare, qui garde quelque chose de la lyre, ou au violon, qui procède encore du rebab arabe, rien ne semble apparenter aux grands vaisseaux noirs d'aujourd'hui l'instrument dont joue l'*Orphée citharède* de la mosaïque gallo-romaine de Blanzy-lès-Fismes (Aisne) et que le demi-dieu cher aux musiciens et aux poètes frappe avec de petites baguettes ressemblant un peu à celles de nos percussionnistes.

À vrai dire, les organologues, ces érudits de l'instrumentation musicale, n'approuvent sûrement pas l'appellation donnée à Orphée. La cithare appartient en effet à la parentèle des instruments à cordes pincées or il s'agit ici, en réalité, d'une sorte de tympanon vertical. Les choses sont du reste plus compliquées encore : de forme très semblable à celle de la cithare, le tympanon ne diffère guère de sa cousine (ou de son cousin le psaltérion) que par la manière dont les cordes sont attaquées, ici avec de petits marteaux, là avec des

Clavecin « brisé » de Jean Marius, Paris vers 1700

Dessus d'un clavier ancien (points de balancier).

plectres – équivalent classique du médiator des guitaristes. Mais alors pourquoi parler de cithare quand il s'agit d'un tympanon ? Réponse (supposée) : « Allez donc former un adjectif digne d'Orphée sur ce terme, forme savante du mot « tambour » ! Orphée tambourinaire ? Quand même pas ! »

Ce tympanon, qui remonte à l'Antiquité et dont on joue encore, paraît-il, dans les campagnes hongroises, a engendré un instrument beaucoup plus sophistiqué, le cymbalum, que les Anglais appellent « *dulcimer* » et dont l'apparence ressemble étonnamment à celle du piano : il comporte également un grand cadre de bois ouvragé sur lequel les cordes sont tenues, des pieds élégamment tournés et parfois même une pédale douce. Seule différence, mais capitale : ses cordes sont frappées par de petits marteaux tenus à la main par l'instrumentiste. Dans notre piano, ce sont les touches d'un clavier qui actionnent les marteaux, d'où la définition qui fait du piano un instrument unique, le roi des instruments pour certains : c'est un instrument à cordes frappées et à clavier.

Tympanon austro-hongrois, fin du XIXe siècle. Les cordes sont frappées à la main par de petits marteaux.

Le clavier lui-même – c'est-à-dire le système grâce auquel un impact est transmis aux cordes par un ensemble de touches dont chacune correspond à une note – n'apparut qu'au Moyen Âge, sans doute au milieu du XIVe siècle ; c'était en fait l'adaptation du clavier de l'orgue aux instruments à cordes, arrangement dont les premiers exemples remontent au XIIe siècle – dans l'orgue, instrument à vent, les touches du clavier ouvrent le passage de l'air dans les tuyaux auxquels elles sont reliées.

Cette application donna naissance, presque simultanément, à deux familles d'instruments : les uns à cordes frappées, les clavicordes (dits également « manicordes ») ; les autres à cordes pincées, les épinettes (appelées aussi « virginals », surtout en Angleterre). Le terme *épinette* vient à l'évidence de l'épine qui pince les cordes, mais certains prétendent qu'il illustre l'invention d'un certain Giovanni Spineta aussi réel sans doute que l'illustre Jean-Sébastien Mouche, prétendu créateur des bateaux de ce nom... En tout cas, le terme *virginal* ne doit rien à Élisabeth Ire qui aimait à en jouer, car cette désignation d'origine inconnue est antérieure au règne de la Reine vierge. De toute manière, il faut se méfier, chez les auteurs de l'époque, de l'imprécision d'un vocabulaire qui n'était pas encore fixé et ne le sera pas de longtemps. Ainsi, plus tard, au XVIIIe siècle, le pianoforte sera souvent dénommé « clavicorde », voire « clavecin », puis au XIXe siècle Littré lui-même définit le clavicorde comme « une espèce de clavecin » !

L'une et l'autre famille avait en commun une caisse de forme rectangulaire, sans pieds, de dimensions modestes et d'ambitus limité : quatre octaves en général. On notera les couleurs des touches, à l'inverse de celles que nous connaissons aujourd'hui : couleur noire pour les touches diatoniques (les « marches »), couleur blanche pour les touches chromatiques (les « feintes »). Mais le principe différait complètement. Dans l'épinette, le sautereau, petite pièce de bois située perpendiculairement à l'extrémité de la touche et

Clavicorde, Vienne, fin du XVIIIe siècle.

portant une plume, dépassait la corde qu'elle grattait en retombant de son propre poids. Conséquence : la force avec laquelle on frappait la touche n'avait aucune influence sur l'intensité du son produit. Dans le clavicorde, le « pilote », équivalent du sautereau, soulevait directement une sorte de petite lame métallique ressemblant un peu au méplat d'un tournevis, qui frappait la corde quand on abaissait la touche. Dans ce cas, puisque le mouvement était directement transmis à la corde, on pouvait faire varier l'intensité du son. De plus, avec un peu d'expérience, l'instrumentiste parvenait à agiter la touche de manière à provoquer un « tremblement », effet semblable au vibrato d'un violon.

En suite, inévitablement, le clavicorde reçut un certain nombre de perfectionnements : le clavier atteignit cinq octaves ; de plus, on doubla ou tripla certaines cordes du registre grave. À l'instar des clavecins, la caisse s'enrichit de décors et de peintures. L'instrument avait du reste plusieurs avantages : il était relativement peu onéreux et aisément transportable en raison de la faiblesse de son poids et de son encombrement.

Il séduisit même de très grands compositeurs. Forkel, auteur de la première biographie de Jean-Sébastien Bach (1802), écrit au sujet de ce dernier : « Le clavicorde était son instrument favori. Le clavecin, bien que susceptible d'une grande variété d'expression, n'avait point à son gré assez d'âme, et le pianoforte était de son temps dans un état tellement embryonnaire qu'il ne pouvait guère s'en contenter. » Comme on le verra un peu plus loin, cela n'empêcha pas Jean-Sébastien Bach de s'intéresser beaucoup aux progrès du pianoforte. Curieusement, l'opinion de Bach sur le clavecin rejoint exactement celle que Couperin exprime dans la préface du *Premier Livre de pièces pour le clavecin* (1713) : « Je saurai toujours gré à ceux qui, par un art infini soutenu par le goût, pourront arriver à rendre cet instrument susceptible d'expression [...] Mais les sons du clavecin étant décidés chacun en particulier et ne pouvant, par conséquent, être enflés ni diminués, il a paru presque insoutenable, jusqu'à présent, qu'on pût donner de l'âme à cet instrument. »

Pourtant, jusqu'aux dernières décennies du XVIIIe siècle, ce fut la famille des cordes pincées – tout particulièrement le grand frère, le clavecin – qui bénéficia des perfectionnements les plus considérables et tint, si l'on ose dire, le haut du pavé. C'est que la mécanique archaïque et sommaire du clavicorde ne permettait qu'un son tout à la fois faible, sourd et court. Une expression populaire illustre les possibilités limitées de l'instrument : d'une jeune fille ou d'une jeune femme qui entretenait une liaison secrète, on disait qu'elle jouait du manicorde !

Clavicorde dit « Lépante ». Le couvercle représente la bataille de Lépante (7 octobre 1571), d'où son nom. Italie, XVIe siècle.

Enfin Cristofori vint...

CRISTOFORI Bartolomeo (1683-1731)
En dehors du fameux article de Maffei, on sait très peu de chose sur le père du pianoforte il n'en existe pas même, semble-t-il, de portrait authentique. Il reste aujourd'hui trois instruments *a forte e a piano* : un de 1720, au Metropolitan Museum de New York ; un petit de 1722, au musée des Instruments musicaux de Rome ; un troisième, de 1726, à l'université de Leipzig, dont la collection contient également plusieurs épinettes ou clavecins de Cristofori, d'authenticité parfois discutée.

Facteur d'origine padouane attaché à la cour florentine des Médicis depuis 1690, Bartolomeo Cristofori (1655-1731) s'intéressa toute sa vie au perfectionnement des instruments de musique. Il comprit – d'autres auraient pu le faire depuis trois siècles ! – que la faiblesse du clavicorde tenait essentiellement à deux causes : il était impossible que l'action directe exercée par la touche sur l'espèce de lame de tournevis puisse produire un son assez fort et assez « rond » ; d'autre part, la lame ne pouvait se dégager assez vite du contact de la corde pour éviter de rebondir ou pour permettre, par exemple, la répétition rapide de la même note. Cristofori remédia à ces inconvénients en substituant à ce système un marteau articulé indépendant qui, mû par le « pilote » situé au bout de la touche, vient frapper plus ou moins vivement la corde pour s'en échapper aussitôt tandis qu'un étouffoir (pièce de cuir ou de feutre) vient faire taire cette note dès que la touche est relâchée. Par la suite, à ce dispositif Cristofori ajouta, sur les côtés de l'instrument, des boutons qui, comme les registres d'un clavecin, permettaient de ne frapper qu'une corde sur deux ou trois : l'ancêtre de la pédale douce.

On a disputé à Cristofori l'invention de ce qui portait, dans le catalogue des instruments des Médicis (dont Cristofori devint le conservateur en 1713), le nom de *gravicembalo a forte e a piano* (clavecin faisant le fort et le doux). Un certain Jean Marius (dont on ignore à peu près tout, y compris les dates de naissance et de décès) aurait lui aussi fabriqué des « clavecins à maillets ». Quant à Christoph Gottfried Schröter (1699-1782), compositeur et théoricien saxon, il prétendit avoir fait construire dès 1717 un instrument à marteaux, présenté à la cour de Dresde en 1721.

Mais la réalité et l'antériorité de l'instrument de Cristofori ne font aucun doute. Une entrée dans le *Journal* de Francesco Mannucci prouve que Cristofori avait construit son premier « clavecin à fort et à doux » dès 1698. Et surtout, Scipione Maffei, érudit du Siècle des lumières (1675-1755), publiait en 1711 dans le *Giornale dei letterati* un article qui allait faire date. Il y décrivait en détail le procédé du facteur florentin et affirmait : « Quiconque apprécie la musique sait que l'une des principales sources dans lesquelles ceux qui exercent cet art puisent le secret de ravir particulièrement leurs auditeurs consiste à alterner le doux et le fort entre un thème et sa réponse, ou à diminuer peu à peu adroitement le son pour lui rendre ensuite soudain toute sa vigueur. Or, le clavecin est entièrement dépourvu de cette diversité, de cette variabilité des sonorités. On pouvait penser qu'entreprendre d'en construire un qui possédât pareil don relevait du rêve le plus vain. Et pourtant cette invention hardie, aussi ingénieuse de conception que d'exécution, a vu le jour à Florence, par les soins de M. Bartolomeo Christofali [*sic*]... claveciniste. »

Maffei avait compris du premier coup la véritable révolution que le piano de Cristofori apportait dans le domaine musical. Mais rien cependant ne se produisit. Cristofori fabriqua encore quelques instruments de sa façon mais, faute de succès, revint à ses clavecins.

De l'intérêt des traductions

Combien de temps aurait duré cette indifférence si l'article de Scipione Maffei (dont la renommée en Europe était considérable) n'avait été traduit et publié dans le recueil *Critica musica* édité par le grand compositeur et théoricien allemand Johann Mattheson (1681-1764) ? Le texte tomba sous les yeux d'un facteur d'orgues saxon, Gottfried Silbermann (1683-1753), de tempérament enflammé et de talent indéniable. Il avait déjà imaginé, sans guère de succès, un « clavecin d'amour » et construit plusieurs « pantalons », sortes d'énormes dulcimers inventés par Pantaleon Hebenstreit. Silbermann construisit alors une vingtaine d'instruments de type Cristofori qu'il soumit à l'un de ses amis, un

Pianoforte de Cristofori,
Florence, 1720.

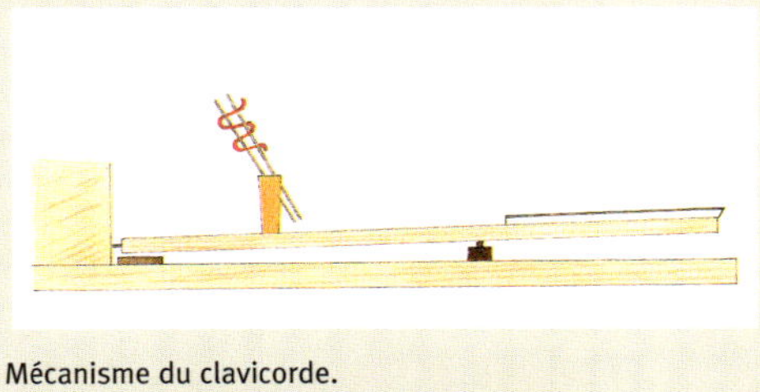

Mécanisme du clavicorde.
La touche actionne directement une petite lame métallique, le pilote, qui frappe la corde.

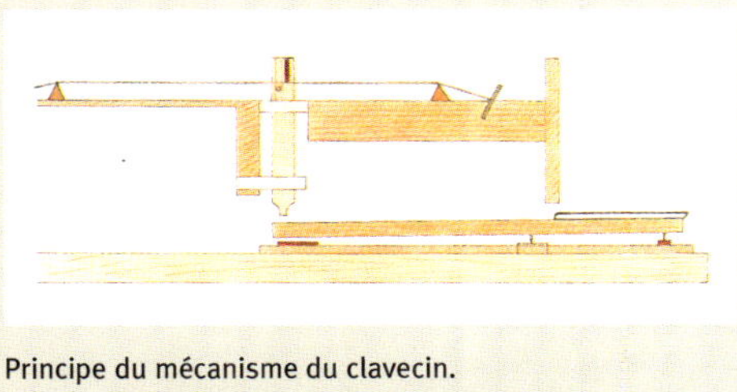

Principe du mécanisme du clavecin.
Lorsqu'une touche est actionnée, un bec (équivalent du médiator d'une guitare) fixé sur le sautereau s'élève et retombe en pinçant la corde.

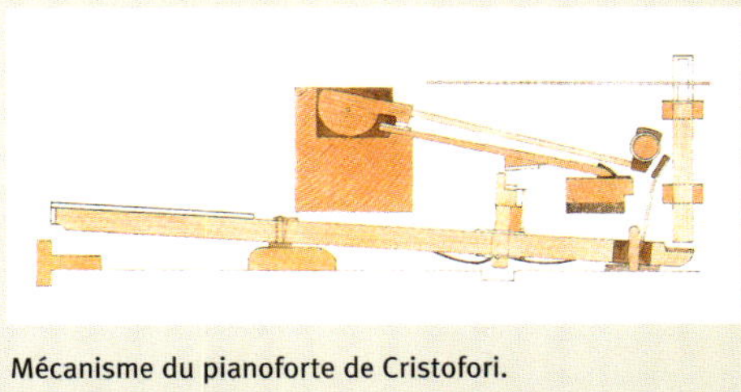

Mécanisme du pianoforte de Cristofori.
Mu comme dans le clavicorde, le pilote lance un marteau qui frappe la corde et s'en échappe vivement tandis qu'un étouffoir fait taire le son dès que la touche est relâchée.

certain Jean-Sébastien Bach. Comme le premier des pianofortes de Silbermann reproduisait un Cristofori antérieur à la publication de l'article de Maffei, on suppose que le facteur saxon avait sans doute eu l'occasion d'apprécier l'instrument *de visu*. Si l'on en croit le témoignage publié en 1768 par Johann Friedrich Agricola, élève et familier de Bach, les premiers essais ne furent pas concluants.

> Monsieur Gottfried Silbermann a fabriqué tout d'abord deux de ces pianofortes. Feu monsieur le maître de chapelle Jean-Sébastien Bach en avait vu un et en avait joué. Il en avait vanté et même admiré le son ; en revanche, il avait blâmé qu'il sonnât mal dans les notes hautes et qu'il fût difficile à toucher. Monsieur Silbermann, qui ne pouvait aucunement souffrir que l'on critiquât en quelque chose ses instruments, avait fort mal pris ces remarques. Ses relations furent pour cette raison longtemps fort mauvaises avec monsieur Bach.

Selon une légende assez vraisemblable, Silbermann détruisit à coups de hache les instruments critiqués par l'exigeant Bach. Mais, s'il avait mauvais caractère, Silbermann était un artisan scrupuleux et habile. Agricola poursuit :

> Sa conscience lui disait cependant que monsieur Bach n'avait pas tort. Il cessa donc, que cela soit dit pour sa plus grande gloire, de donner ses instruments pour les meilleurs ; en revanche, il n'en pensa qu'avec plus d'ardeur à l'amélioration des défauts indiqués par monsieur J. S. Bach. II y travailla plusieurs années. Je doute d'autant moins que ce fût là la cause véritable de ces retards que monsieur Silbermann me l'a confessé lui-même avec sincérité. Enfin, après avoir en effet trouvé de nombreuses améliorations, concernant notamment le toucher de l'instrument, il vendit l'un de ses instruments à la cour princière de Rudolstadt [...].
>
> Peu de temps après, Sa Majesté le roi de Prusse fit commander l'un de ces instruments à monsieur Silbermann puis, après avoir eu la bonté d'y prendre plaisir, plusieurs autres. Ceux qui, comme moi, ont vu et entendu l'un des deux anciens instruments comprendront très facilement face aux nouveaux que monsieur Silbermann a dû travailler avec ardeur à leur perfectionnement. Monsieur Silbermann a eu également la louable ambition de montrer l'un de ces instruments, le dernier auquel il travailla, à feu monsieur le maître de chapelle Bach et de le lui faire examiner ; il obtint de lui un avis tout à fait favorable.

À partir de ce moment, des facteurs inventifs ne cessèrent d'améliorer le système de Cristofori. Dès 1732 parut à Florence la première œuvre spécialement écrite pour le nouvel instrument, les *Sonate da cimbalo di piano e di forte detto volgarmente di martelletti* de Lodovico Giustini (1685-1743). Le développement et la sophistication croissante de ce dispositif complexe de touches, de baguettes, de ressorts, de lamelles, de marteaux, de tampons, etc., ne le devaient pas au hasard ; le XVIIIe siècle fut précisément celui de la mécanique, terrestre, céleste et même spirituelle, perfectionnée par les hommes des Lumières, depuis La Grange et son *Traité de mécanique analytique* jusqu'à Vaucanson et ses automates, célébrée par Voltaire et illustrée par les planches minutieuses de l'*Encyclopédie*.

L'œuvre de Gottfried Silbermann fut continuée par son neveu Johann Heinrich (1727-1799). Si Jean-Sébastien avait fini par donner son approbation à l'oncle, Carl Philipp Emanuel Bach quant à lui enchanta le célèbre Charles Burney, compositeur, organiste et, surtout, créateur de la musicologie moderne, grâce aux instruments construits par le neveu. « M. Bach, écrit Burney en 1767, eut l'obligeance de se mettre à son instrument favori, un clavicorde de Silbermann, et de me jouer trois ou quatre de ses compositions les plus achevées et les plus difficiles, ce qu'il fit avec la délicatesse, la précision et la flamme qui l'ont rendu justement célèbre auprès de ses compatriotes. Chaque fois qu'il avait une note longue à exprimer, dans les mouvements lents, il réussissait à arracher à son instrument un véritable cri de douleur et de lamentation, tel qu'on n'en peut produire que sur le clavicorde, et dont nul autre musicien ne serait sans doute capable. »

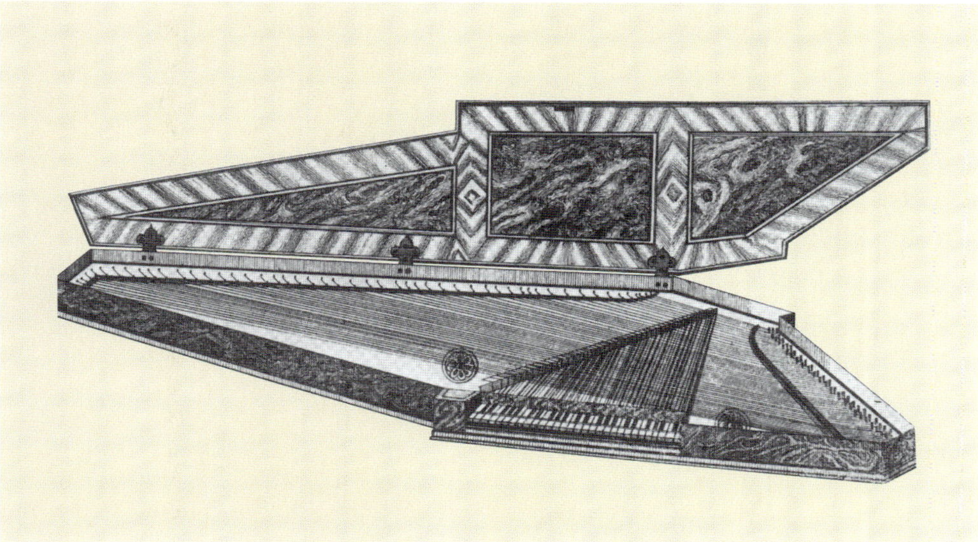

•

Un dulcimer sophistiqué (185 cordes), de Pantaleon Hebenstreit. Louis XIV voulut qu'il portât le nom de « pantalon » en l'honneur de son inventeur.

Un autre élève de Gottfried Silbermann, Johann Andreas Stein (1728-1792), améliora sensiblement le système d'échappement et d'étouffoir qu'on appela « mécanique allemande » ou « mécanique viennoise ». Ses instruments (et ses « astuces » de fabrication) déchaînèrent l'enthousiasme du jeune Mozart qui, en 1777, visita l'atelier du facteur à Augsbourg.

> Cette fois, il faut que je commence tout de suite par les pianofortes de Stein. Avant d'avoir vu quelque chose de la façon de Stein, c'étaient les pianos de Spath que j'aimais le mieux, mais maintenant je dois donner la préférence à ceux de Stein, car ils étouffent la résonance beaucoup mieux que ceux de Ratisbonne. Quand je frappe fort, je puis laisser le doigt sur la touche, ou le relever, le son cesse au moment même où je le fais entendre. Je puis faire des touches ce que je veux, le son est toujours égal ; il ne tinte pas désagréablement ; il n'a pas le défaut d'être ou plus fort ou plus faible, ou même de manquer tout à fait ; en un mot, il est partout bien égal. Stein, il est vrai, ne donne pas ses pianos à moins de 300 florins, mais la peine et l'application qu'il y consacre ne se peuvent payer. Ses instruments ont surtout cet avantage sur les autres, qu'ils sont faits à échappement. Or, sur cent facteurs, pas un ne s'occupe de cela [*sic*], et cependant, sans échappement, il est absolument impossible qu'un piano ne tinte pas, ou ne continue pas à vibrer après coup. Ses marteaux, quand on appuie sur les touches, retombent au moment même qu'ils frappent les cordes placées au-dessus d'eux, soit qu'on continue à presser la touche soit qu'on la laisse aller [...]. En même temps, ses pianos sont vraiment solides. Il se porte garant que la table d'harmonie ne se brisera ni n'éclatera. Quand il a terminé la table d'harmonie d'un piano, il l'expose à l'air, à la pluie, à la neige, à l'ardeur du soleil et à tous les diables pour qu'elle éclate, et alors il y colle de petits morceaux de bois pour qu'elle devienne tout à fait solide et résistante. Il est enchanté quand elle se fend, car désormais on peut être assuré qu'il ne lui arrivera plus rien. Souvent même il y fait des incisions pour la recoller ensuite et la rendre plus solide.

Dix ans plus tard, à Bonn, les Stein étaient toujours très appréciés par l'aristocratie et par un adolescent prometteur. En 1787, un personnage resté anonyme écrit de Bonn au *Cramer's Magazin* : « On aime beaucoup le piano ici. Nous avons ici plusieurs claviers à marteaux de Stein à Augsbourg. [...] Le jeune baron von Gudenau joue aussi bravement du piano, et, aussi, le jeune Beethoven. »

•

Si le piano est né en Toscane avec Cristofori, c'est au Toscan Ludovico Giustini (1685-1743) que revient l'honneur d'avoir composé en 1732 la première œuvre expressément destinée au nouvel instrument.

Le carré anglais

Tout naturellement, la forme du pianoforte avait imité celle du clavecin, avec sa caisse horizontale en forme de harpe : les cordes aiguës, plus légères et donc plus courtes, tendues sur la partie la plus étroite ; les cordes graves, plus lourdes et donc plus longues, sur la partie la plus large. En 1745, Christian Ernest Friederici, facteur d'instruments saxons, construisit un piano dont la caisse était verticale, le *Pyramidenflügel* – le piano doit décidément beaucoup à la Saxe. La forme à la fois séduisante et étrange du piano pyramide allait se prêter à de multiples variations d'une très grande beauté. On retiendra pour l'instant que cette disposition diminuait très sensiblement la surface au sol occupée par l'instrument. Une quinzaine d'années plus tard, un ancien ouvrier de Silbermann, Johannes Zumpe, établi à Londres, construisit des pianos dont les cordes étaient disposées obliquement, ce qui permettait de diminuer sensiblement la taille de la caisse. Grâce à d'autres simplifications (qui cependant, au début tout au moins, se répercutaient sur les qualités sonores, surtout dans les extrêmes du registre), Zumpe put vendre ses instruments à un prix extrêmement bas pour l'époque : Jean-Chrétien Bach en acheta un en 1768 pour 50 livres, c'est-à-dire environ 8 000 euros. Ces pianos carrés connurent un succès considérable en Grande-Bretagne, à la fois à cause de leur prix et de leur forme qui ressemblait à celle du virginal cher au cœur des Anglais.

En 1767, le piano (un Zumpe) fut utilisé pour la première fois comme instrument accompagnateur dans une représentation à Covent Garden du *Beggar's Opera*, le fameux *Opéra du Gueux*, livret de John Gay sur des airs compilés par Pepusch, que Bertolt Brecht et Kurt Weill transformeront en *Opéra de quat'sous* en 1928. L'année suivante, toujours sur un Zumpe, Jean-Chrétien Bach donna le premier concert public de piano – on ne parlera pas ici de « récital » car le mot et la chose ne seront inventés, par Liszt, que plus tard. À vrai dire, le premier piano à cordes croisées fut sans doute inventé vers 1750 en Allemagne. La guerre de Sept Ans (1756-1763) avait en effet chassé plusieurs excellents facteurs qui comme Zumpe s'étaient installés à Londres : le Hollandais Americus Backer, Johannes Polmann, Frederick Beck, Adam Beyer, Gabriel Buntebart qui s'associa à Zumpe de 1768 à 1778 et fut l'ami de Jean-Chrétien Bach, plus quelques autres qui formaient un groupe poétiquement surnommé les « Douze Apôtres » – d'aucun des douze membres on ne connaît les dates de naissance et de décès, mais on sait qu'ils exercèrent leur activité pendant la même période.

•
Piano pyramide de Léopold Sauer, Prague, 1805. Ce modèle, sans doute conçu pour la bourgeoisie viennoise de l'époque Biedermeier, comporte une pendule.

Ce fut toutefois un Écossais, John Broadwood (1732-1812), qui exerça l'influence la plus déterminante sur le piano anglais en général et le « carré » en particulier. John Broadwood, menuisier de son état, était venu à Londres en 1761 pour y travailler dans les ateliers de Burkat Shudi, facteur de clavecins réputé qui s'intéressa également au pianoforte. On notera en passant que Shudi, d'origine suisse, avait lui-même commencé sa carrière comme ébéniste. La plupart des premiers facteurs étaient en effet des artisans, de purs manuels, ce que l'on a souvent tendance à oublier. Ainsi dans son remarquable ouvrage *Comment l'Allemagne est devenue musicienne*, où il analyse et explique les divers aspects de la vie musicale allemande aux XVIIe et XVIIIe siècles, Marcel Beaufils ne souffle mot de la facture instrumentale. En 1769, John Broadwood épousa Barbara, la fille de Shudi. Il devint l'année suivante l'associé de son beau-père et, à la mort de celui-ci, en 1773, l'associé majoritaire. En 1782, il racheta ses parts au fils de Shudi et fut désormais le seul patron de l'entreprise. Il remplaça les genouillères par des pédales et renforça la caisse ; en 1784, il avait multiplié par dix sa production de pianos – atteignant le nombre alors considérable de cent trente-trois en un an, contre seulement trente-huit clavecins. Il construisit également des « grands » (terme sous lequel on désigne toujours en anglais les pianos à queue) et porta l'amplitude du clavier à cinq puis à six octaves. Au tournant du siècle, grâce à Broadwood et aux autres facteurs établis en Grande-Bretagne, la facture anglaise dominait le marché du pianoforte.

•

Instruments du musée
instrumental de Bruxelles,
Au deuxième plan
de la photographie du
haut, on remarquera
un piano-lyre.

•

DOUBLE PAGE SUIVANTE

Arman
(Armand Fernandez dit),
Chopin's Waterloo (1928).
Centre Pompidou.

CHICKERING Jonas
Ébéniste de formation, il créa sa manufacture de « carrés » à Boston en 1823. En 1830, il produisit un piano droit à cadre vertical et en 1837, le premier piano droit à cadre métallique. Après un incendie qui détruisit l'usine en 1852 et la mort de Jonas, les trois fils de celui-ci reconstituèrent et développèrent encore davantage la firme. Une guerre commerciale impitoyable opposa Chickering à Steinway, notamment lors de l'Exposition de Paris en 1867. Selon Fétis, cette lutte « n'a pas toujours eu la dignité convenable ; on a usé et abusé des réclames de journaux », mais les instruments de Chickering frappèrent les foules par une puissance de son tout à fait nouvelle. On rappellera que les Pleyel de Chopin, par exemple, ne dépassaient pas notre *mf* actuel. Chickering fut absorbé par The American Piano C° en 1908 puis par Aeolian en 1932. La marque Chickering est aujourd'hui reprise par Baldwin.

Un « instrument de charretier »

En France, où l'on aime moins les changements qu'on ne le prétend, le piano – « cet instrument de charretier » écrivait Voltaire à madame du Deffand en 1774 – rencontra de fortes résistances. Le grand facteur de clavecins Pascal Taskin (1730-1793), d'origine belge, construisit en 1776 un piano à l'anglaise qu'il présenta aux Tuileries et qui lui attira ce commentaire de l'illustre organiste Balbastre : « Vous aurez beau faire, mon ami, jamais ce nouveau venu ne détrônera le majestueux clavecin ». L'*Encyclopédie*, où grâce à d'Alembert les autres instruments à clavier sont abondamment décrits, ne dit pas grand-chose de ce « nouveau venu ». Mais, inévitablement, le piano, surtout importé d'Angleterre, ne cessa de gagner du terrain. En quelques décennies, grâce à trois inventeurs et constructeurs – Erard (1752-1831), Pleyel (1757-1831), Pape (1789-1875) – et à leurs successeurs, la France allait rivaliser avec l'Angleterre. À dire vrai, Pleyel était d'origine autrichienne, Pape d'origine allemande et Erard, dont la famille venait de Suisse, alsacien. En fait le patronyme de ce dernier s'écrivait originellement *Ehrhard*, puis les graphies *Érard et Erard* furent employées de manière indifférente.

Sans doute la Révolution fut-elle pour quelque chose dans cette mutation. Ainsi, si l'École royale de chant n'enseignait que le clavecin (pour l'accompagnement seulement), le Conservatoire comptait, dès l'année scolaire 1796-1797, cinq professeurs de piano pour deux de clavecin. À partir de 1798, le piano seul fut enseigné. On rima :

Bientôt l'on façonna le premier clavecin :
Longtemps cet instrument eut un heureux destin ;
Atteignant aujourd'hui le déclin de son âge,
Il laisse au piano son superbe héritage.

Facteurs géniaux, Erard et Pape allaient transformer la mécanique, Erard notamment par le double échappement qui permettait une répétition très rapide et ouvrait donc l'instrument à la grande virtuosité – pris en 1808, son premier brevet fut perfectionné en 1821. À Pape, qui ne prit pas moins de cent trente-sept brevets au cours de sa longue vie, on doit en particulier le croisement des cordes et l'utilisation du marteau en feutre. Pleyel, qui n'était ni mécanicien ni ébéniste mais compositeur et éditeur de musique, adopta le premier en Europe le cadre en fonte (breveté aux États-Unis par Alpheus Babcock en 1825) et, en France, transforma l'artisanat du pianoforte en industrie du piano.

Le piano anglais ne se laissait pas faire pour autant. En disposant diagonalement et verticalement les cordes, Robert Wornum (1780-1852) commença à produire à partir de 1828 des *cottage pianos*, prédécesseurs de nos pianos droits, moins onéreux que les « grands » et plus sûrs que les carrés – le dernier « carré anglais » de Broadwood fut construit en 1860. Clementi, compositeur et éditeur comme Pleyel, se lança avec succès dans la production de ces instruments populaires après avoir pris le contrôle de la firme Broderip & Longman. On notera d'ailleurs l'instauration, au XIXe siècle, d'une sorte de dialogue permanent entre les facteurs et les musiciens, interprètes et/ou compositeurs, qui réclament, suggèrent ou expérimentent les perfectionnements de leurs instruments. Les relations entre Beethoven et Broadwood, Chopin et Pleyel, Liszt et Bösendorfer, font partie de l'histoire de la musique.

Les oncles d'Amérique

On aura aussi noté que l'utilisation du métal pour la confection du cadre provenait du Nouveau Monde. C'était une innovation capitale : non seulement elle renforçait la robustesse de l'instrument, mais elle permettait l'utilisation de cordes au son plus constant et surtout plus rond.

En fait, le premier facteur américain fut sans doute Johann Behrent qui, à partir de 1775, fabriquait des « carrés anglais » à Philadelphie. L'ébéniste bostonien Jonas Chickering (1798-1853) fonda en 1823 la firme qui portait son nom ; il perfectionna le cadre de fonte et l'utilisa aussi bien pour les pianos droits que pour les « grands » qu'il produisit en série à partir des années 1840. Orphelin, pauvre et, semble-t-il, analphabète, Heinrich Engelhard Steinweg (1797-1871), ancien trompette dans l'armée du duc de Brunswick (il sonna, paraît-il, la charge finale contre Napoléon à Waterloo en 1815), se consacra à la vente et à la fabrication d'instruments de musique jusqu'à ce que la crise économique le forçât à s'expatrier aux États-Unis en 1850, à l'âge de cinquante-trois ans, Après avoir vécu de sous-traitances, il traduisit son nom en anglais et fonda en 1853 avec ses fils Charles, Henry junior et William la firme Steinway & Sons, destinée tout autant à la vente de petits pianos d'importation qu'à la fabrication de leurs propres instruments. À la fin de leur première année d'activité, en 1854, ils avaient vendu soixante-quatorze pianos droits. En 1859, il breveta un « grand » piano qui associait le cadre de fonte avec un cardage croisé en éventail.

Depuis lors, d'innombrables innovations ont été apportées au piano, des cordes en acier filé jusqu'à la matière plastique destinée à remplacer l'ivoire des touches – nous parlons bien sûr du piano classique, *cf.* à la fin de ce livre nos développements sur les instruments « mécaniques », électriques ou électroniques. Mais, si importantes que fussent ces innovations, elles portaient soit sur des problèmes de finition, soit surtout sur la technologie de la fabrication. En fait, le piano à queue moderne était né avec le grand Steinway de 1859 ; il restait à passer définitivement du stade artisanal à celui de l'industrie.

•
Pianoforte à queue Taskin (Paris 1788).

•
Petit carré d'Erard, Paris, du début du XIXe siècle.

•
Ponçage du cadre en fonte avant vernissage.
On remarquera le sigle P L & C (Pleyel, Lyon et Compagnie) qui fut celui de la grande manufacture vers 1880.

•
Montage du barrage
d'un piano droit.

CI-CONTRE
Cadre en chêne appelé
« barrage ».
Montage des poutres
de barrage autour
de la ceinture.

•
Extrait de *Deux Copines et un séducteur* de George Roy Hill (1964) avec Peter Sellers, Paula Prentiss, Angela Lansbury.

CI-DESSUS
Cadre en chêne appelé « barrage » et montage des « barrages ».

CI-CONTRE
Ceinture du piano en placage sous presse.

•
Table d'harmonie mise sous pression à l'aide de bois appelés « barres de ciel ». On dit également « mettre sous ciel ». L'opération consiste à obtenir la bonne inclinaison de la table d'harmonie. Aujourd'hui la majorité des facteurs utilise une presse pour réaliser cette opération.

•
Boutons d'étouffoir.

•

Mise en place des tourillons en hêtre pour ajuster les chevilles qui serviront à tendre les cordes.

•

Montage en cordes. Une machine spéciale permet d'obtenir la précision pour la bonne tenue des accords.

•
Enroulement des cordes autour des chevilles et filage des cordes graves.

•

Démontage
des cordes usagées.

Chevilles et mécanique
d'un piano ancien.

Piano droit
en attente d'accord.

Le piano, une industrie

•

Piano hexagonal de Jean-Henri Pape.

•

Clavier d'un Steinway « hors d'âge » à Cienfuegos (Cuba). Louis Moreau Gottschalk y composa peut-être sa fameuse *Bamboula*.

Une question scabreuse

Le piano, une industrie ? La question peut sembler scabreuse. Quel rapport le monde des *Nocturnes* de Chopin pourrait-il avoir avec celui des « rois de la forge et du rail » ? Qui oserait apparenter le bois chaleureux du roi des instruments au froid minéral des chaînes des *Temps modernes* ? Du reste, notre représentation du facteur de pianos reste profondément influencée par celle du luthier, artisan artiste qui opère, entouré de quelques disciples respectueux et admiratifs, au fond de sa cour de Crémone ou de son échoppe vosgienne.

Pourtant il ne peut y avoir grand-chose de commun entre les ateliers d'Antonio Stradivari, dont à peine plus d'un millier de violons, d'altos et de violoncelles sortirent au cours de la longue vie du célèbre luthier (1644-1737) et ceux de la firme fondée par Ignace Pleyel qui en 1831 produisaient déjà dix mille pianos par an. Quelques dizaines de pièces, toutes de bois, plus quatre cordes naguère encore en boyau, pour la famille des violons ; quarante mille pièces dès le premier Steinway de 1853 (en comptant chaque vis et chaque boulon) ! Pour les pianos, une gamme considérable de matériaux : plusieurs variétés de bois (chaque constructeur a ses préférences, mais l'ébène n'est plus utilisée pour les touches chromatiques), le bronze, l'acier, le cuivre et divers autres métaux, le cuir et le feutre, l'ivoire (aujourd'hui remplacé par une matière plastique très particulière), jusqu'au cadre de fer qu'on moule comme… un vulgaire moteur d'automobile. En vérité, à cause de cette multitude de techniques, le terme *atelier* ne convient plus guère à la facture de pianos et, comme les constructeurs eux-mêmes, on parlera plutôt d'usines.

STEINWAY & SONS

Henry Steinway

Henry Steinway, né Heinrich Engelhard Steinweg, trompette à Waterloo. En 1853 il créa à New York la célèbre manufacture de « grands » pianos.

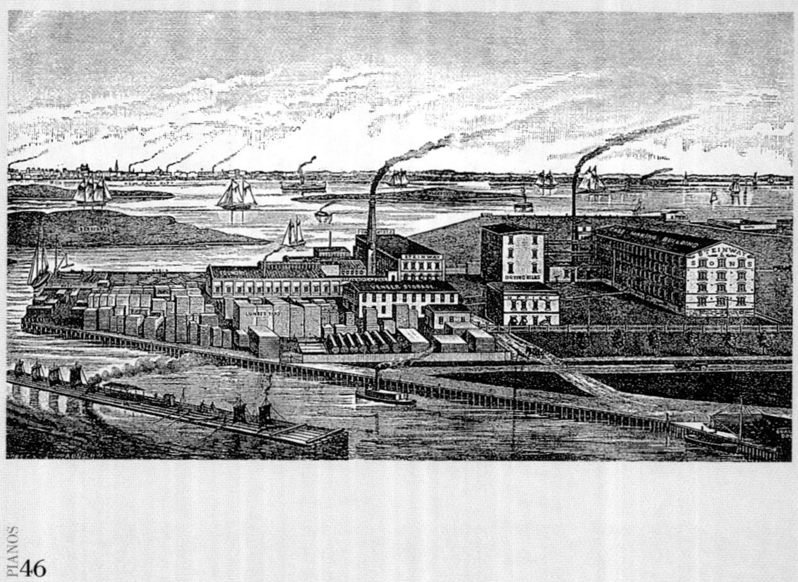

Fonderies, séchoirs, scieries et manufacture de cadres de Steinway, en face de la 120e rue à New York (1888).

•
L'usine de finition de Steinway, entre Park avenue et Lexington avenue et les 52e et 53e rues vers 1888.

•
La salle Steinway, inaugurée en 1866 sur la 14e rue. Elle accueillit les salons d'exposition de la firme jusqu'en 1925 et des concerts avant que Carnegie Hall ne s'y substituât à cet effet en 1890.

•
Le stand de Steinway & Sons à l'Exposition de 1867, vu par le caricaturiste Cham (1819-1879).

Le piano de Jules Verne

En fait, le piano et la société industrielle se sont développés de manière rigoureusement parallèle. Cristofori inventa son *arpicembalo che fa il piano e il forte* dans les dernières années du XVIIe siècle, mais il fallut attendre les facteurs de la fin du Siècle des lumières pour qu'apparussent des pianos dignes de ce nom et le siècle suivant pour que l'instrument devînt un objet vraiment usuel.

C'est qu'au XIXe siècle, son apogée, le piano réalisait les rêves d'un âge qui célébra (crut célébrer) le mariage parfait des arts et de l'industrie. Aucune mécanique à usage domestique ne suscita sans doute davantage l'ingéniosité des chercheurs et l'analyse des brevets d'inventions fournit un témoignage irréfutable – souvent pittoresque – sur ce que ses utilisateurs pouvaient attendre de l'objet piano.

Une grande partie de ces brevets concernait bien sûr la mécanique proprement dite et les procédés de fabrication – on ne saurait douter que le capitaine Nemo, qui avait installé un piano à bord du *Nautilus*, n'ait été lui-même l'auteur de tels perfectionnements. Ainsi pour la seule année 1858 et uniquement en France, Olivier Barli (*La Facture française de piano* de 1849 à nos jours, La Flûte de Pan, Paris, 1983) en a compté vingt-trois, qui vont du « phonomètre à agrafe pression au moyen duquel toutes les personnes pourront accorder elles-mêmes leurs pianos » (Gaudu, à Saint-Brieuc) jusqu'au « remplacement des cordes par des lames métalliques » (Zeiger, à Lyon). Mais on trouve aussi une grande variété d'inventions destinées à rehausser les talents des amateurs auprès de leur auditoire – si ce n'est à y suppléer. Outre « l'appareil permettant aux pianistes de jouer debout », les divers « piani-flûtes », « pianos-orchestres », pianos à trémolo, etc., ou les systèmes d'exécution automatique, on trouve de très nombreux exemples de procédés qui, à l'instar du « landriëno » (dispositif inventé en 1874 par Landrien), se proposent de « reproduire instantanément l'idée musicale jouée sur un piano en imprimant directement cette idée sur papier pendant le jeu ». Le comble du piano objet ou du piano meuble est cependant atteint avec le « piano-billard » (1859), le « piano convertissable [*sic*] en lit, bureau, etc. » (1866), le « chauffe-pieds amovible s'adaptant à tout piano » (1905) et, préfiguration d'une ère nouvelle, une « automobile munie intérieurement d'un piano » (1916). Pour sa forme, pour sa couleur – ou pour son caractère tout aussi quotidien et contraignant – un autre instrument indispensable de la vie quotidienne de la bourgeoisie, le grand fourneau des ménages, reçut alors le surnom de « piano ».

Avec l'accroissement et la diversification de la demande, l'industrie et le marché du piano varièrent significativement au cours du temps. En France, par exemple, les statistiques illustrent une triple évolution : l'accroissement considérable de la production au XIXe siècle, puis sa concentration et, enfin, l'effondrement de cette industrie. Ainsi, en un siècle et demi, Pleyel, qui construisait 1 400 pianos en 1820, en sortait 7 000 en 1850, 10 000 en 1880, 17 000 en 1900, 12 000 encore en 1930, mais seulement 2 900 en 1950 et… 460 en 1970.

Les nouveaux mondes de la facture

Comme les autres industries (et, pourrait-on préciser, comme l'industrie automobile, qui du point de vue économique lui ressemble assez), celle du piano ne tarda pas à se développer en même temps que les « nouvelles nations ». Aux États-Unis, on l'a vu, la facture de pianos était apparue dès l'indépendance avec Babcock, Bacon & Raven, Chickering en 1823 et surtout, à partir de 1853, avec Heinrich Steinweg, dont le nom traduit en *Steinway* allait connaître la fortune que l'on sait.

Que le Nouveau Monde fournisse certains pianos les plus prestigieux n'a rien d'étonnant. Après tout, l'Amérique (et même, pour les œuvres, les Amériques) appartient depuis longtemps à l'univers musical occidental. Il est plus surprenant que le Japon soit devenu le plus grand producteur de pianos – et de bien d'autres instruments de musique.

Les premiers pianos (des Blüthner) avaient été importés au Japon à l'ère des Meiji et à l'époque de *Madame Butterfly*, en 1882. En 1885, Nishihawa construisait à Yokohama les premiers instruments japonais. En 1897, un horloger fils de samouraï, Torakusu Yamaha, devenu en 1887, un peu par hasard, facteur d'orgues à tuyaux de roseaux, fondait la *Nippon Gakki Seizo Kabushiki Kwaisha* (Manufacture nippone d'instruments de musique). Yamaha produisit en 1900 son premier piano droit, puis en 1902 son premier piano à queue. En 1904, il recevait sa première médaille à l'exposition de Saint Louis.

Les facteurs de pianos recourent généralement à des sous-traitants, surtout en Europe : pendant longtemps, Herrbruger Brooks régna sur la production des mécanismes et des touches ; Kluge (qui appartient aujourd'hui à Steinway) ou Roslau, sur celle des cordes. Inversement, les deux guerres mondiales conduisirent les grands facteurs à travailler pour

BÖSENDORFER Ignaz
(1796-1859)
Ignaz Bösendorfer, élève du facteur viennois Brodmann, fonda son atelier en 1828. On peut dire que sa réputation fut lancée au début des années 1830 par Liszt qui constata que seuls les pianos de ce facteur résistaient à sa fougue juvénile et que leur son convenait aux couleurs de sa musique – mais on rappellera que Liszt recommanda par la suite bien d'autres facteurs. Ludwig Bösendorfer (1835-1919) succéda à son père et céda en 1909 à Carl Hutterstrasser la firme qui appartient aujourd'hui au groupe Kimball. L'exceptionnel registre du Bösendorfer Imperial, dont le clavier comprend neuf notes supplémentaires qui se situent au-dessous et au-dessus du registre habituel, a inspiré une œuvre musicale du compositeur anglais Edwin Roxburgh (né en 1937), *Labyrinth for Bösendorfer Piano* (1970).

Hector Berlioz,

membre du jury de l'Exposition universelle de Paris de 1855

On commença par l'examen des pianos. Le piano ! À la pensée de ce terrible instrument, je sens un frisson dans mon cuir chevelu ; mes pieds brûlent ; en écrivant ce nom, j'entre sur un terrain volcanique. C'est que vous ignorez ce que sont les pianos, les marchands de pianos, les fabricants de pianos, les joueurs de piano, les protecteurs et protectrices des fabricants de pianos. Dieu vous préserve de le savoir jamais ! Les autres marchands et facteurs d'instruments sont beaucoup moins redoutables. On peut dire d'eux à peu près ce qu'on veut, sans qu'ils se plaignent trop aigrement. On peut donner au plus méritant la première place, sans que tous les autres aient à la fois la pensée de vous assassiner. On peut aller jusqu'à reléguer le pire au dernier rang sans recevoir des bons la moindre réclamation. On peut dire même à l'ami d'un prétendu inventeur : « Votre ami n'a rien inventé, ceci n'est pas nouveau, les Chinois se servent de son invention depuis des siècles ! » et voir l'ami désappointé de l'inventeur se retirer presque silencieusement comme eût fait sans doute l'illustre Colomb, si on lui eût appris que des navigateurs scandinaves avaient longtemps avant lui trouvé le continent américain.

Mais le piano ! ah ! le piano ! « Mes pianos, monsieur ! vous n'y songez pas. À moi le second rang ! À moi une médaille d'argent ! moi qui ai inventé l'emploi de la vis pour fixer la cheville voisine de la mortaise du quadruple échappement ! Je n'ai pas démérité, monsieur ! J'emploie, monsieur, six cents ouvriers ; ma maison est toujours ma maison ; j'envoie toujours mes produits non seulement à Batavia, à Vittoria, à Melbourne, à San Francisco, mais dans la Nouvelle-Calédonie, dans l'île de Mounin-Sima, monsieur, à Manille, à Tinian, à l'île de l'Ascension, à Hawaï ; il n'y a pas d'autres pianos que mes pianos à la cour du roi Kamehameha III, les mandarins de Pékin ne prisent que mes pianos, monsieur, on n'en entend pas d'autres à Nangasaki [*sic*], monsieur… et à Saint-Germain-en-Laye ; oui, monsieur. Et vous venez me parler de médaille d'argent, quand la médaille d'or serait pour moi une fort médiocre distinction ! et vous ne m'avez pas seulement proposé pour le grand cordon de la légion d'Honneur [*sic*] ! Vous me la baillez belle ! Mais nous verrons, monsieur, cela ne se passera pas ainsi. Je proteste, je protesterai ; j'irai trouver l'Empereur, j'en appellerai à toutes les cours de l'Europe, à toutes les présidences du Nouveau Monde. Je publierai une brochure ! Ah ! bien oui, une médaille d'argent à l'inventeur de l'échappement de la cheville qui fixe la vis de la quadruple mortaise !!! »

(*Les Grotesques de la musique*, 1859.)

Hector Berlioz. Caricature à la mine de plomb, 1830.

la défense nationale et à se diversifier : en 1914-1918, Broadwood utilisa ses cordes à piano pour assujettir les ailes des biplans et, pendant la Seconde Guerre mondiale, Steinway produisit des planeurs… et des cercueils. Ces deux guerres posèrent d'ailleurs à Steinway des problèmes moraux et matériels considérables car des liens familiaux et économiques continuaient d'unir Steinway & Sons de New York et Grotrian Steinweg GmbH de Hambourg. Mais ni Broadwood ni Steinway ne poursuivirent ces lignes de produits après la guerre, contrairement à Yamaha dont les activités dans l'armement aboutirent à une extraordinaire diversification que Torakusu Yamaha n'avait sans doute pas prévue. En fait, dans les années 1870, William Steinway, qui produisait pratiquement tous les éléments de ses pianos, en quelque matériau qu'ils fussent, avait tenté une aventure de ce genre. Il avait investi avec un certain succès dans les chemins de fer de banlieue, dans un tunnel à péage (le Steinway Tunnel, entre Manhattan et Queens) et jusque dans un parc de loisirs qui occupait le site de l'actuel aéroport de La Guardia. Le krach boursier de 1893 obligea William Steinway à se concentrer sur ses activités principales mais, quelques années plus tard, ses compétences en matière de transports urbains lui valurent d'être consulté pour la conception du réseau du métro de New York.

Frank B. Tussaud, *The Great Exhibition Polka*. En Angleterre, au temps où le piano régnait en maître dans les *drawing rooms* des manoirs et les *living rooms* des demeures plus modestes, tout finissait par… des polkas ou, en tout cas, par un morceau de piano, concocté en toute hâte par quelque compositeur à la mode en fonction de l'actualité.

Struggle for life

Tous les industriels le savent bien depuis toujours : ce n'est pas tout de produire, il faut vendre. Les expositions internationales furent longtemps l'un des vecteurs les plus puissants de la commercialisation. La grande Exposition internationale de Londres, en 1851, consacra le triomphe du piano « bourgeois » : présentés par 102 facteurs différents, 178 modèles étaient exhibés ; la manifestation elle-même était célébrée par une partition de Frank B. Tussaud pour « pianoforte », la *Polka de la Grande Exposition*.

Le premier catalogue de Steinway, en 1888, ne consacrait pas moins de trois pages à l'énumération des distinctions reçues à Paris, à Vienne, à Londres, etc., ainsi qu'à la citation des grands personnages qui avaient acquis un instrument de la firme : l'impératrice de Russie, l'ex-reine d'Espagne, le sultan de Turquie et même… l'impératrice de Chine.

C'est que le type de publicité longtemps préféré par les facteurs de pianos fut de type « testimonial ». Dans cette même brochure de 1888, Steinway se vantait des éloges que lui adressaient Franz Liszt (également revendiqué par Bösendorfer et Erard), Richard Wagner, Hector Berlioz, Charles Gounod, Anton Rubinstein, Adelina Patti et même le grand violoniste Joseph Joachim qui déclarait : « Steinway est au pianiste ce que Stradivarius est au violoniste ». Mais Debussy affirmait : « On ne devrait écrire de musique de piano que pour un Bechstein », tandis que Pleyel invoquait Chopin et Saint-Saëns. Car, de même que les fabricants d'articles de sport recherchent le patronage d'un grand athlète, les facteurs de pianos se battaient pour offrir un instrument de leur marque à un célèbre virtuose ou, mieux encore, pour employer celui-ci comme un outil de promotion dans le monde entier. Chickering se réclamait de Thalberg, Gaveau d'Iturbi, Steinway – avant de contribuer au lancement d'Horowitz – de Paderewski et de Godowsky (à qui il donnait 300 dollars d'alors par concert, soit environ 10 000 euros). Mais faites donc confiance aux artistes ! Car Thalberg ou Paderewski disaient aussi le plus grand bien d'Erard et de Liszt… de tout le monde ou à peu près. Plus tard, à la fin des années 1960, quand Yamaha lança son piano à queue de concert, il engagea une lutte féroce contre Steinway pour s'assurer un jugement favorable de la part des grands pianistes de cette dernière firme : Arthur Rubinstein, Andor Foldes, Rudolf Serkin ou Wilhelm Kempff. On faillit aller devant les tribunaux. Steinway eut le dernier mot, mais N. W. Ayer, son agence de publicité depuis soixante-neuf ans, passa du côté de Yamaha.

DOUBLE PAGE SUIVANTE
Extrait de *Merci pour le chocolat* de Claude Chabrol (2000) avec Isabelle Huppert, Jacques Dutronc, Anna Mouglalis.

Ignace Pleyel
(1757-1831)

On oublie parfois que le plus important facteur de pianos français, le créateur d'une célèbre salle, l'industriel dont les ateliers donnèrent son nom à un grand carrefour de Paris, était autrichien. En effet, Ignace Joseph (ou plus exactement Ignaz Josef) Pleyel naquit à Ruppersthal, petit village au nord-ouest de Vienne, le 18 juin 1757. Il était le vingt-quatrième fils du maître d'école et d'une dame qui, paraît-il, s'était mariée au-dessous de sa condition. Fétis, qui l'affirme, ajoute que le père d'Ignace, devenu veuf, se remaria et eut quatorze autres enfants avant de mourir à quatre-vingt-dix-neuf ans ! Quoi qu'il en soit, le jeune Ignace montra assez de dons pour qu'on l'envoyât à Vienne étudier le piano auprès de Jean-Baptiste Vanhal (1739-1813), alors fort réputé comme pianiste, compositeur et pédagogue. Comme si cela ne suffisait pas, il alla parfaire ses études à Eisenstadt, auprès de Haydn, à partir de 1772. La pension du jeune homme était payée par le comte Erdödy, dont il devint le maître de chapelle. Cet office cache sans doute des activités pas toujours... catholiques, car Pleyel participa activement et musicalement aux activités de la loge maçonnique *Zum goldene Hirschen*, dirigée par le frère du comte. Après l'inévitable séjour en Italie (à Naples très exactement, où il fit représenter quelques œuvres au San Carlo), il devint en 1784 maître de chapelle adjoint, puis en titre, de la cathédrale de Strasbourg. Mais, contrairement à une légende, il ne s'y trouvait pas au printemps 1792 pour diriger la première exécution publique de la future *Marseillaise* et moins encore pour en composer la partition. Il donnait alors une série de concerts à Londres. À son retour, la Terreur lui valut – comme à Rouget de Lisle, au chevalier de Saint-George et à quelques autres – bien des angoisses, mais comme ces derniers il s'en tira sans mal. Pleyel s'installa enfin à Paris, en 1795, où il ouvrit une librairie musicale et une maison d'édition, sans cesser d'édifier une œuvre qui n'occupe pas moins de 756 numéros dans le catalogue Ben et qui comprend à peu près tous les genres musicaux possibles, de la musique de chambre à l'hymne révolutionnaire (il fallait bien vivre...) en passant par la symphonie concertante ! La maison Pleyel édita plus de 4 000 partitions et inventa en 1801 la partition de poche, avant que l'infatigable Ignace ne se lançât en 1807 dans la production des pianofortes. Ignace avait alors cinquante ans et, avant cette date, on ne lui connaît pas la moindre expérience dans le domaine de la facture instrumentale. De ce fait, on s'est interrogé sur les raisons qui poussèrent ce quinquagénaire à s'engager dans une activité aussi nouvelle pour lui et sur les atouts dont il pouvait disposer. On ne bénéficie à cet égard d'aucune source documentaire, mais plusieurs éléments avérés peuvent expliquer cette décision.
Le premier est le développement considérable du marché du piano qui ne pouvait manquer d'intéresser un homme aussi entreprenant que Pleyel, sans doute soutenu par son beau-père, le tapissier Lefèbre, illustration balzacienne de la bourgeoisie industrieuse de l'époque.
Un autre élément se trouve sans doute dans les relations que Pleyel entretenait avec les grands compositeurs pour le piano : Haydn, puis Beethoven (que Pleyel avait rencontré à Vienne et avec qui il entretenait une correspondance affectueuse) ou Kalkbrenner, plus tard Moscheles ou Chopin. Enfin, Ignace mettait dans la balance sa propre réputation de compositeur, tout à fait considérable à l'époque. Pleyel s'appuyait sur son fils Camille, dont l'entregent et le talent étaient dignes de son père ; en outre, de 1811 à 1815, le grand facteur Pape collabora à la production des petits *cottage pianos*, moins volumineux et plus abordables.
La vie industrielle d'Ignace Pleyel semble avoir quelque peu tari son inspiration : à partir du tournant du siècle, son catalogue ne porte plus trace d'œuvres majeures. En revanche, il ne perdit pas l'esprit d'entreprise : avant tous les autres grands facteurs, il inaugura en 1830 sa propre salle.
Ignace, qui avait « suivi » et encouragé le jeune Chopin, disparut le 14 novembre 1831. Depuis quelque temps, il avait laissé les rênes à Camille et se passionnait pour l'agriculture...

Camille Pleyel
(1788-1855)

Fils d'Ignace Pleyel, il étudia le piano avec Dussek et Steibelt et commença une brillante carrière. Chopin, son grand ami, disait de lui : « Il ne reste plus qu'un seul homme capable de jouer Mozart, c'est Pleyel. Et, quand il veut bien jouer une sonate à quatre mains avec moi, je prends une leçon ». Associé à son père dès 1815, il lui succéda à la tête de la manufacture de pianos qu'il développa avec succès. Camille Pleyel composa également une cinquantaine d'opus pour le piano, dont la plupart ressortissent à la musique de salon.

•

CI-CONTRE
Ignace Pleyel.
Gravure
du XIXe siècle.

BECHSTEIN Carl
(1826-1900)
Élève de Pape, il fonda son entreprise en 1853. Sa réputation fut établie trois ans plus tard, après une exécution de la sonate en *si* mineur de Liszt sur un instrument de sa facture par Hans von Bülow. Bechstein établit des liens solides avec la musique et les compositeurs allemands, notamment Liszt et Brahms. L'amitié (supposée) entre certains de ses descendants et Adolf Hitler ternit quelque peu le nom de Bechstein, qui passa par la suite entre les mains de Baldwin et de Karl Schulze.

Chaque grand facteur se devait d'avoir « sa » salle de concert pour y produire « ses » artistes et pour y exhiber « ses » modèles. À Paris, la première salle Pleyel, où Chopin débuta le 26 février 1832, se trouvait 9 rue Cadet. Le même Chopin donna son dernier concert dans la deuxième salle Pleyel, 20 rue Rochechouart, le 16 février 1848. La salle Gaveau fut construite en 1906-1907 par le facteur du même nom qui la géra lui-même avant sa faillite en 1965. Enfin, il existait naguère une salle Erard, 13 rue du Mail. On rivalisait aussi pour équiper un nouvel opéra, le *Normandie* ou le dirigeable *Hindenburg*. En 1910, un Broadwood accompagnait l'expédition du capitaine Scott en Antarctique et l'on en joua sur la banquise. Quand les États-Unis entrèrent dans la Seconde Guerre mondiale, Steinway envoya des pianos droits robustes sur tous les théâtres d'opérations.

Mais l'idée la plus fructueuse fut celle de Yamaha. En 1954, en même temps qu'elle sortait ses premières motos, la firme prit une initiative géniale : elle créa, au Japon d'abord puis dans le monde entier, des écoles de piano où les enfants pouvaient à bon compte se familiariser avec l'instrument. Aujourd'hui, près de deux cent mille élèves fréquentent en permanence les *Yamaha music schools*. Résultat : dès 1972, Yamaha produisait plus de pianos par semaine que Pleyel ou Steinway n'en produisaient par an.

La guerre des pianos

Enfin, si le dicton affirme que « la musique adoucit les mœurs », les secousses, voire les bouleversements, qui affectent périodiquement la grande industrie n'épargnèrent pas celle du piano. À l'instar des planteurs de café brésiliens qui chauffaient les locomotives avec leur production pour contrer la chute des cours, les facteurs américains résolurent en 1904 d'en finir avec les « carrés » qui ne se vendaient plus et encombraient les dépôts. Ils en firent une pyramide de quinze mètres de haut, y mirent le feu et, dit-on, dansèrent tout autour. Quant aux problèmes sociaux, on n'en prendra pour exemple que l'histoire de Steinway, ponctuée depuis ses origines par des grèves qui mirent en péril la survie même de la firme. La première, déclenchée dès 1859, contraignit Charles Steinway à porter le prix de gros de son modèle de base (un piano carré de sept octaves) de 218 à 288 dollars, soit de 6 700 à 8 800 euros. Il y en eut d'autres en 1862, en 1864, en 1872, en 1878, etc. Le salaire moyen chez Steinway atteignait alors l'équivalent de 85 euros par jour, ce qui était très supérieur à la moyenne européenne ou même américaine. Du reste, dans les années 1870, avec beaucoup d'avance sur son temps, William Steinway acquit à Queens 400 acres de terrain (environ 160 hectares) pour y bâtir, entre autres, un village ouvrier.

Il est vrai que les capitaines de l'industrie du piano prenaient des risques auxquels Amati ou Guarnerius n'eussent jamais songé. Presque dès l'origine, les firmes furent soumises aux mêmes mutations, restructurations et autres avatars que leurs homologues de la métallurgie ou du textile. Ainsi, on a vu qu'en 1798 Clementi avait pris la majorité de Broderip & Longman, fondé en 1767. Un peu plus tard, la firme passa sous le contrôle de Collards & Collards, qui absorba également Kirkmans en 1896, avant que l'ensemble ne passât sous le contrôle de Chappell (fondé en 1810) qui avait aussi pris le contrôle d'Allison (fondé en 1838) et qui prit celui de Johann Strohmenger & Sons. On s'arrêtera là, en priant le lecteur d'excuser les oublis éventuels…

Inversement, Kawai, ouvrier de Yamaha, quitta cette dernière firme pour fonder en 1930 la société concurrente que l'on connaît. Quant aux grands facteurs français, qui portaient les noms entre tous illustres d'Erard et de Pleyel, on sait qu'ils passèrent en 1971, avec Gaveau, sous le contrôle de Schimmel avant de revenir récemment, en compagnie de Rameau (créé en 1971), sous le contrôle de la Manufacture française de pianos. D'une manière générale, le nombre des facteurs français (30 en 1821), après avoir

Un « Victory Vertical ». Pendant la Seconde Guerre Mondiale, Steinway envoya des pianos semblables à celui-ci sur tous les théâtres d'opérations.

atteint un pic (120) en 1847, n'avait cessé de baisser : 80 en 1873, 50 en 1920 pour tomber à 4 en 1960 et au seul Rameau en 1980. Il est vrai qu'en 2000, sur 35 782 claviers vendus en France, 22 547 étaient des instruments numériques contre 12 127 pianos acoustiques droits et 1 108 pianos à queue.

Pour des raisons de commodité et de prix des terrains, les facteurs de pianos quittèrent les villes comme leurs confrères de l'industrie métallurgique. Pleyel déserta depuis 1961 le carrefour de Paris auquel il avait donné son nom et où ses usines étaient installées depuis 1867. À Londres où cohabitait en 1800 le plus grand nombre de facteurs au monde, il n'en subsistait plus un seul deux siècles plus tard. Mais Steinway construit toujours ses pianos à Queens, New York, sur le site où Frederick Steinway, troisième président de la firme, avait construit son usine en 1926.

PLEYEL
PARIS

Les grandes marques « par ordre d'entrée en scène »

Depuis un siècle seulement, on a compté plus de 12 000 facteurs de pianos différents : petits artisans qui produisaient (on pourrait même dire « bricolaient ») un instrument pour leurs voisins ou grands industriels dont le piano ne constituent parfois qu'un à-côté d'une production très diversifiée, inventeurs féconds, imitateurs habiles, philanthropes soucieux de diffuser l'instrument aussi largement que possible ou artistes se réservant pour les *happy few* des grands musiciens – ceux-ci et ceux-là pouvant du reste être les mêmes, sous des noms différents.

On trouvera ci-dessous les marques les plus connues, en rappelant que toutes ou presque ont changé (et continuent à changer) de mains et que beaucoup appartiennent à de véritables groupes. Ainsi Baldwin, propriétaire unique de Bechstein de 1974 à 1996, est-il passé en 2001 sous le contrôle de Samick. Enfin, certaines dates de fondation prêtent parfois à discussion…

1728 Broadwood.

1777 Erard.

1794 Ibach.

1807 Pleyel.

1811 Conrad Graf.

1819 Sauter.

1823 Chickering.

1828 Bösendorfer.

1835 Grotrian-Steinweg.

1845 Rönisch.

1847 Gaveau.

1849 Seiler.

1851 Feurich.

1852 Weber.

1853 Bechstein.

1853 Blüthner.

1853 Steinway & Sons.

1854 Mason & Hamlin.

1856 Wurlitzer.

1857 Baldwin.

1858 Steingraeber & Söhne.

1864 Petrof.

1869 Krakauer.

1871 Bohemia.

1876 Welmar.

1878 Aeolian.

1884 Zimmermann.

1885 Schimmel.

1889 Yamaha.

1893 Estonia.

1900 QRS (pianos mécaniques).

1900 Seidl & Sohn.

1911 Kemble.

1911 Woodchester.

1928 Schulze Pollmann.

1930 Kawai.

1956 Young-Chang.

1958 Samick.

1978 Fazioli.

1991 Boston.

1991 Borgato.

•

Positionnement des poupées d'étouffoir.

À DROITE

Prépiquage des marteaux .

•

DOUBLE PAGE SUIVANTE

À GAUCHE

Contre-attrape avec sa lanière.

À DROITE

Vieux marteau restauré.

Louis Renner

G

•

Marteaux prêts
à être envoyés
chez le regarnisseur.

•

Réglage
des ressorts d'étouffoir.

•

DOUBLE PAGE PRÉCÉDENTE

Extrait de *Deux Copines et un séducteur* de George Roy Hil (1964) avec Peter Sellers, Paula Prentiss, Angela Lansbury.

•
Tête de marteau.

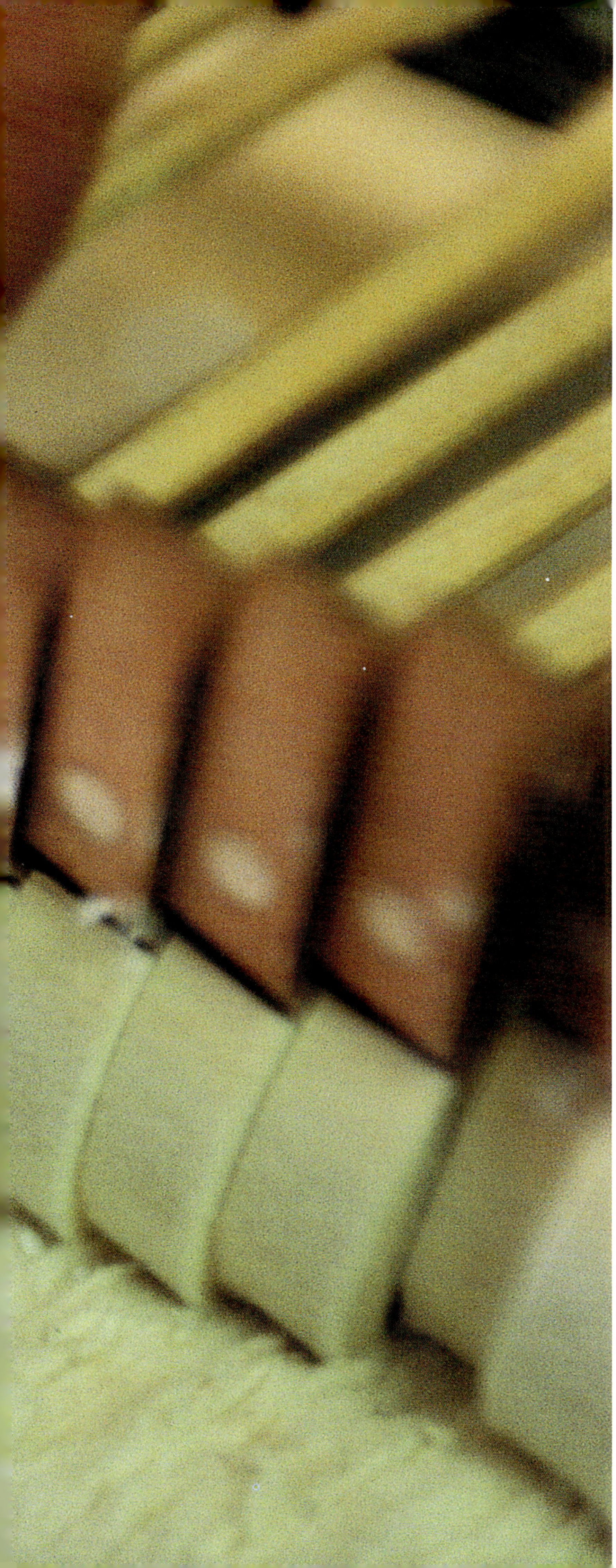

Restauration de marteaux anciens. Séparation des feutres effectuée au couteau et à la main.

Tête de marteau d'un piano Erard.

•

Collage des étouffoirs
de basse.

•

Dessous de chevalet
de mécanique
d'un piano à queue.

À nouveau *piano*, nouvelle *oreille*

Instrument : Tout agent mécanique qu'on emploie dans une opération quelconque. Un ouvrier fourni de tous ses instruments. […] En particulier : Instruments de musique.
LITTRÉ, *Dictionnaire de la langue française, 1872-1876.*

De la musique avant toute chose

Glacecord de Beyer (vers 1785). Vue d'ensemble et détail (à droite). Cet instrument à clavier aux sons émis par des billes de verre, se voulait un perfectionnement de l'harmonica de verre,inventé par Benjamin Franklin et qui rencontra un très vif succès au XVIIIe siècle. En 1791, Mozart composa pour la grande virtuose aveugle Marianne Kirchgessner, son quintette K 617 pour harmonica de verre, flûte, hautbois, alto et violoncelle.

PAGE PRÉCÉDENTE
Extrait du *CHOIX DE SOPHIE,* d'Alan J. Pakula (1982) avec Meryl Streep, Kevin Kline, Peter Mac Nicol.

Un serviteur inventif

Le piano n'est-il qu'un instrument ? Ce qui, selon la définition classique, se limiterait au rôle d'un serviteur soumis et passif a suscité, dès son apparition, des expressions, des formes, des inspirations et même des activités musicales nouvelles. Sans le piano, concevrait-on les harmonies monumentales de Beethoven ou les couleurs subtiles de Debussy, la poésie des *Nocturnes*, le haletant accompagnement du lied ? C'est grâce au piano que se sont développés les métiers de virtuose ou de professeur de piano (celui-ci refuge au XIXe siècle des demoiselles pauvres mais de bonne famille) ; c'est encore le piano qui a stimulé la pratique amateur ? Et, si le piano a complètement transformé la musique dite « classique », que dire du jazz et de la chanson populaire ?

Certes, entre les premières sonates pour « clavecin à fort et à doux vulgairement dit à petits marteaux » de Lodovico Giustini (1732) et le *Concerto en sol* de Ravel, créé exactement deux siècles plus tard, l'évolution des styles, des genres et des goûts pianistiques résulte d'une combinaison d'influences complexes dans laquelle interviennent l'esthétique et le social, la technologie et l'économie. Néanmoins, la part de la facture instrumentale, si elle ne suffit jamais, demeura toujours nécessaire : qui imaginerait Maurice Ravel et Marguerite Long, l'un écrivant, l'autre exécutant le *Concerto en sol* sur le pianoforte de Cristofori ? En cela, le piano se distingue de la plupart des « grands » instruments : c'est sur un Stradivarius de 1718 que Zoltán Székely créa, toujours en cette année 1932, la *Deuxième Rhapsodie* de Béla Bartók.

Retour à l'atelier

Reprenons donc le chemin de l'atelier pour y voir comment quelques innovations ont pu transformer à la fois l'instrument et la musique qu'on lui destinait. L'un des seuls Cristofori conservés, celui du Metropolitan Museum de New York (1720), a quatre octaves et demie ; le Steinway modèle 290 en a huit (sept et demie pour les pianos à queue classiques) et dépasse largement avec ses harmoniques le registre perceptible par l'oreille humaine. Le Cristofori avait moins d'une cinquantaine de touches, le Steinway en a près de cent : le mathématicien, tout autant que le compositeur, appréciera l'énorme différence dans le nombre et la nature des combinaisons sonores possibles. Les cordes (simples) du Cristofori sont en cuivre, seul métal qu'on savait étirer à l'époque ; celles du Steinway sont doubles ou triples, en acier tréfilé éventuellement recouvert de cuivre. Comme le cadre du Cristofori était en bois, la tension ne pouvait être très forte et l'instrument demeura longtemps fragile. Anton Reicha (1770-1836), excellent compositeur et ami de Beethoven, rapporte la mésaventure qui leur advint à Vienne dans les premières années du XIXe siècle : « Un jour, Beethoven exécuta à la Cour un concerto de Mozart et il me pria de lui tourner les pages. À tout moment, les cordes de l'instrument cassaient et sautaient en l'air, les marteaux s'embarrassaient dans les cordes cassées. Beethoven, voulant à tout prix terminer son morceau, me pria de dégager les marteaux à mesure qu'ils s'arrêtaient et d'enlever les cordes cassées. Ma besogne était plus grande que la sienne, car il me fallait sans cesse sauter à droite, à gauche, tourner autour du piano pour faire face à tous les malheurs. »

Jusqu'au moment où le cadre de bois remplaça le cadre de fer, le pianiste devait donc se montrer très prudent. Mais le vieux clavecin souffrait des mêmes défauts et cela n'empêcha pas le piano de gagner sans cesse du terrain en raison des sentiments qu'il permettait d'exprimer. Dès les années 1770, le chanoine Trouflant, organiste à Nevers et fin connaisseur des choses musicales (le terme *musicologue* n'apparut qu'à la fin du XIXe siècle), écrivait :

> Il [le piano] a cet avantage que l'appui du doigt, plus fort ou plus faible, détermine la force ou la faiblesse du son ; il se prête donc à l'expression comme au sentiment [...] Il reçoit du tact pianiste [*sic*] une sorte d'animation magique qui fait que le son prend successivement tous les caractères. [...] Il est agréable surtout dans des morceaux d'une harmonie pathétique. On l'accuse d'être pénible à jouer, à cause du marteau qui fatigue les doigts. Cependant, on voit la plupart des maîtres s'attacher de préférence à cet instrument pour leurs compositions, parce qu'il leur donne des effets plus marqués que le clavecin...

Assouplisseur de doigt (1846) de Levacher d'Urclé et « Chirogymnase » vers 1840 de Casimir Martin.

On aura noté la compassion du chanoine à l'égard des pauvres pianistes aux doigts martyrisés. Qu'aurait-il dit s'il avait su que le poids du « marteau qui fatigue » passerait en un siècle de trente grammes pour le Stein tant apprécié par Mozart, à cent, voire à cent vingt grammes pour les instruments modernes. Grâce au cadre de métal, la tension des cordes qui s'élevait à douze tonnes dès 1850 a été portée aujourd'hui à plus de vingt. Et Saint-Saëns de plaindre les pauvres demoiselles : dans ces conditions, l'exécution de l'*Appassionata* (douze mille notes) représente un travail identique à celui qui consisterait à mouvoir une masse de près d'une tonne et demie ! On sait pourtant que grâce au perfectionnement du mécanisme de double échappement (et peut-être au progrès des aptitudes sportives des pianistes), la vélocité et la virtuosité des interprètes ne firent qu'augmenter. Le nouveau piano et son facteur furent célébrés par Franz Liszt (qui n'avait pas encore treize ans !) dès le printemps 1824 avec ses *Huit Variations en la bémol majeur dédiées à Sébastien Erard* : dans la huitième variation, la série de sextolets de doubles croches « brillantes » est une allusion directe à la rapidité inouïe de répétition que le double échappement permettait désormais. C'est également Liszt qui recourut le premier de manière systématique aux indications de pédale sur les partitions. Les pédales, autre possibilité nouvelle, expliquent à quel point le piano pouvait combler les amateurs de « moments d'une harmonie pathétique », particulièrement nombreux à l'époque du *Sturm und Drang* et du romantisme. Certes, les clavecins perfectionnés comportaient déjà des dispositifs destinés à modifier plus ou moins le son d'une note et ses harmoniques. Mais, avec le jeu *a piano e a forte*, avec la pédale forte qui prolonge le son et la pédale douce (voire *pianissimo*) qui l'apaise, on disposait désormais d'une variété illimitée de « couleurs » et de possibilités d'expression. On inventa même des pédales spéciales produisant des effets particuliers pour la « musique de genre » : effets de bataille, « de luth », de turquerie, etc.

Les perfectionnements qui autorisèrent ou même stimulèrent l'évolution et la diversification du langage pianistique sont innombrables, qu'il s'agisse des matériaux (bois, métaux, vernis, etc.) ou des procédés de fabrication. À cet égard, les progrès de la facture sont d'autant plus importants qu'à l'inverse des instrumentistes à cordes, qui recherchent les (bons) instruments anciens, les pianistes préfèrent généralement les (bons) instruments récents ; contrairement aux grands violons et aux grands vins, les grands pianos ne vieillissent pas toujours bien.

•
Pianoforte Erard frères, Paris, 1802.
Noter le nombre des pédales d'expression. Certaines permettaient d'émettre des sons divers un peu comme un « piano préparé » d'aujourd'hui.

Deux problèmes d'acoustique ou « Comment l'entendons-nous ? »

La très large diffusion du piano suscita aussi un effort particulier pour tenter de régler deux problèmes anciens : celui du diapason et celui du tempérament. À partir du moment où la production annuelle de pianos se chiffra à plusieurs centaines de milliers (contre quelques centaines de clavecins à l'apogée de cet instrument) et où les pianistes ne savaient ou ne pouvaient, contrairement à beaucoup de clavecinistes, accorder eux-mêmes leur instrument, il fallut s'entendre sur une hauteur normale de la note de référence : le *la* $_3$, qui se situe exactement au milieu du clavier. Ce n'est pas un hasard si cette hauteur (dont il existait auparavant presque une centaine de variétés) fut fixée en 1859, au moment précis où le piano atteignait son âge adulte et son état quasi définitif.

La définition du tempérament, problème aussi ancien que celui du diapason, répondait aux mêmes nécessités. Nous nous garderons bien de trop nous avancer sur cette question très compliquée qui incite encore certains facteurs, musiciens et musicologues à se déchirer allégrement. On rappellera, en les simplifiant, les données du problème. Le système de la musique occidentale se fonde sur le principe de la division de l'octave en douze demi-tons à partir des quintes, intervalles générateurs de l'harmonie classique. On sait d'autre part que, en faisant sonner une longueur de corde donnée à sa moitié, on obtient un son correspondant à l'octave du son originel ; en la faisant sonner aux deux tiers, on obtient un son correspondant à une quinte du son originel. Quand on accorde un piano par quintes successives en partant d'une note quelconque, on devrait donc aboutir à une note à l'unisson de la première au bout de douze quintes. Mais l'acoustique est en contradiction avec l'arithmétique : on aboutit à une note plus basse de 23,5 % d'un ton. La dernière de ces quintes « hurle », d'où son nom de « quinte du loup ». Tout se passe comme si l'on devait monter un double escalier en posant chaque pied sur des marches décalées les unes par rapport aux autres. Régulariser cet escalier, c'est tempérer la gamme en répartissant la différence (dénommée ici « comma pythagoricien ») sur chaque intervalle, de sorte que les différences entre les intervalles théoriques et les intervalles naturels soient aussi peu gênantes ou aussi peu perceptibles que possible. Certains facteurs de clavecins avaient résolu la difficulté en divisant en deux les touches chromatiques. Dans ces instruments dits *spezzati* (brisés), une partie de la touche donnait par exemple le *do* dièse et l'autre le *ré* bémol.

Extrait de *Brodway en folie* de George Seaton (1945) avec Betty Grable, Dick Haynes.

Double page suivante

Fragment de gamme chromatique…
Au choix : *do* #, *ré*, *ré* #, *mi*, *fa* ou *sol* #, *la*, *la* #, *si*, *do*.

•

Arrière de touche
avec la trappe.

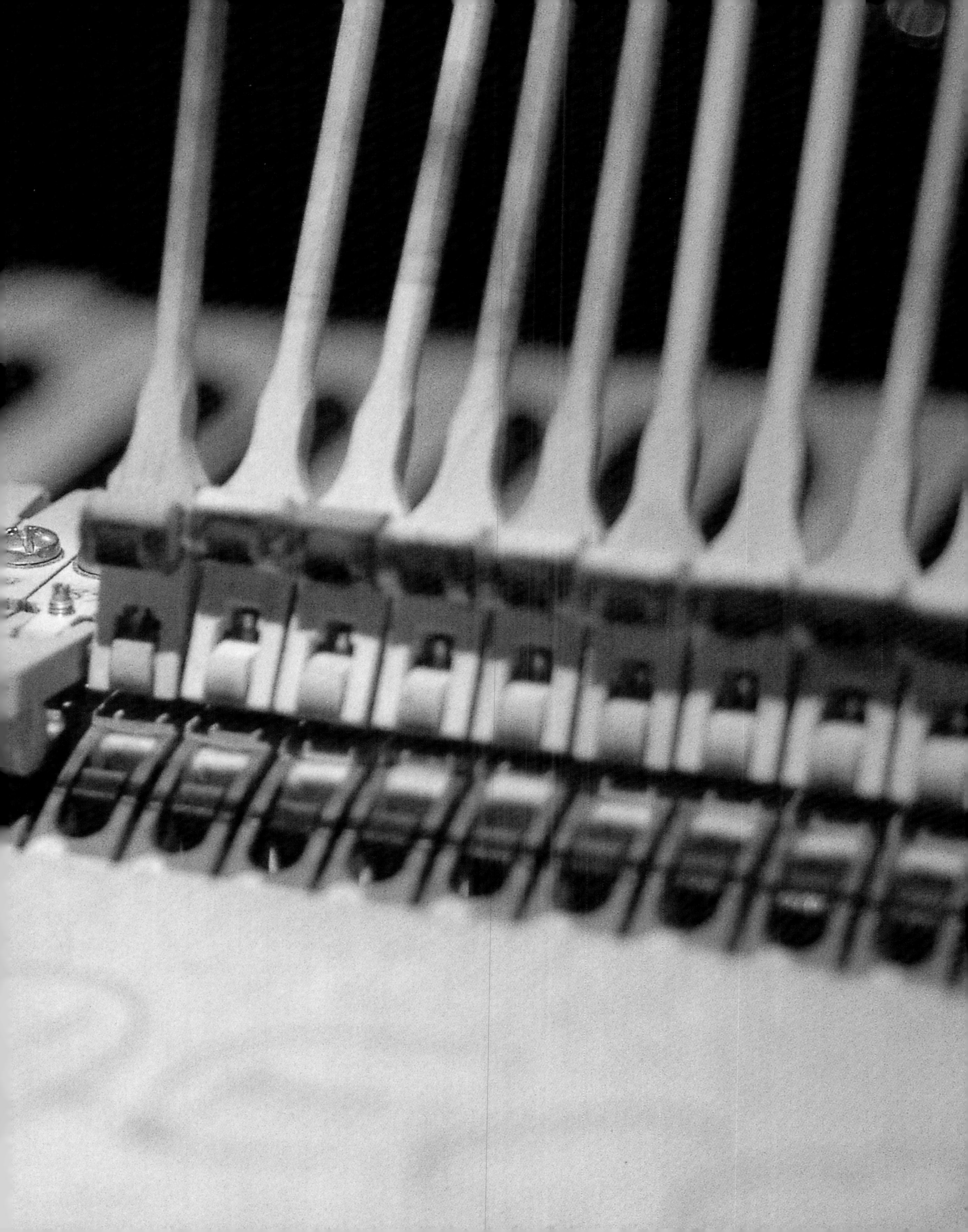

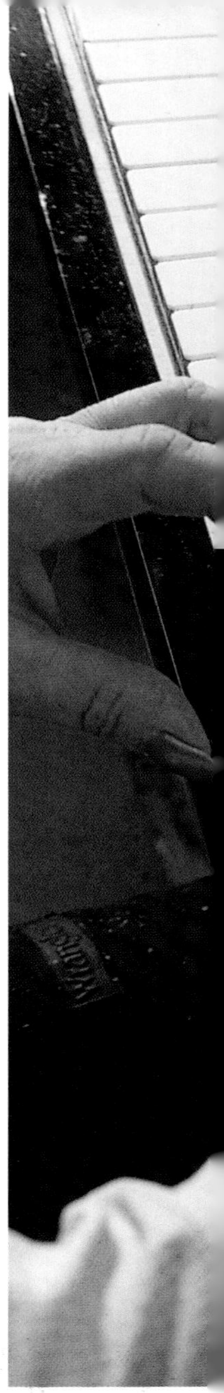

•

Plombage et équilibrage
d'un clavier.

Opérations d'équilibrage
de la pression des touches.

•
Extrait de *Casablanca*
de Michael Curtis (1943)
avec Ingrid Bergman,
Humphrey Bogart,
Paul Henreid, Peter Lorre.

ERARD Sébastien
(1752-1831)
Fils d'un fabricant de meubles strasbourgeois, il travailla dès 16 ans à Paris chez un facteur de clavecins, mais s'établit bientôt à son compte sous la protection de la duchesse de Villeroy, chez qui il construisit son premier piano sur le modèle des instruments anglais. En 1780, il s'associa avec son frère aîné Jean-Baptiste (1749-1826). Pendant la Révolution, il jugea plus sage d'aller exercer son activité en Angleterre. Revenu à Paris après Thermidor, il commença à produire ses grands pianos à échappement, les premiers *made in France*. C'est pourtant un autre instrument, la harpe, qui allait consacrer les talents d'Erard : reparti pour l'Angleterre, il breveta la harpe dite « à double action » qui permettait de jouer dans toutes les tonalités. Enfin, en 1823, Sébastien Erard exposa son piano à double échappement, base du piano moderne. À l'instar de Pleyel, Erard se lança dans l'édition musicale : il publia notamment la première édition française de *La Création* de Haydn, de nombreuses partitions instrumentales et quelques opéras, entre autres *La Vestale* et *Fernand Cortez* de Spontini.

Chaque manière de tempérer implique une couleur spécifique des tonalités et de leurs relations : si l'on se souvient qu'une note n'est pas entendue seule mais escortée par un certain nombre d'harmoniques, la même œuvre exécutée sur deux instruments à clavier différemment tempérés pourra sonner différemment. Il ne s'agit donc pas d'un problème théorique. Pour le piano, la norme du tempérament égal (c'est-à-dire la répartition égale de la différence entre chaque note) s'imposa généralement. Elle a été très critiquée par les « baroqueux », mais on observera que l'égalisation radicale des marches de l'escalier harmonique allait autoriser les modulations et les chromatismes les plus hardis qui mèneront, en fin de compte, à la musique « de douze sons » !

La vraie manière de jouer du piano

On a vu que la première œuvre pour le piano remontait à Lodovico Giustini (1732). Mais le père fondateur de la musique pour cet instrument fut Carl Philipp Emanuel Bach (1714-1788), troisième fils survivant de Jean-Sébastien et filleul de Telemann. Sur les 875 numéros que compte le catalogue de ses œuvres établi par Wotquenne, plus de 400 sont destinés au clavier seul et 150 autres utilisent cet instrument. On aura remarqué que nous avons employé le terme ambigu *clavier*, car une bonne partie de ces œuvres fut écrite pour un clavicorde très perfectionné qui ne différait guère du piano que par l'absence d'échappement. En fait ce n'était pas la virtuosité qui intéressait Carl Philipp Emanuel Bach, mais un « style d'une extrême sensibilité » (*Empfindsamer Stil*), équivalent musical du *Sturm und Drang* et précurseur du romantisme. Car, qu'il s'agisse d'un clavicorde ou d'un piano, le filleul de Telemann y trouvait la possibilité de modulations surprenantes et de variations dramatiques d'intensité et de dynamique.

Une autre contribution capitale de ce Bach est son *Essai sur la vraie manière de jouer le clavier avec des exemples et 18 modèles de 6 sonates*, dont le titre dispense de tout commentaire ; les deux volumes de cet ouvrage, fondamental pour l'histoire de l'instrument au XVIIIe siècle, furent publiés à Berlin en 1752 et en 1762. Bien que Fétis l'ait appelé « le créateur de la sonate moderne » (deux bons tiers des œuvres pour clavier de C. P. E. Bach sont des sonates), leur forme (vif-lent-vif), leur relative brièveté et leur construction restent encore assez éloignées de la sonate classique. Celle-ci est attribuée, comme on le dit souvent, à la « première école de Vienne », c'est-à-dire à Haydn, Mozart et Beethoven.

Trop de publicité tue la postérité

Nul ne peut nier qu'en un demi-siècle – celui qui sépare la sonate en *ut* mineur Hob. XVI:20 de Haydn de la sonate opus 111 de Beethoven – cette « première école de Vienne » ait poussé à un point sublime la forme sonate et cela, en partie du moins, grâce aux instruments de Schantz, de Stein, de Walter, de Broadwood. Mais, comme c'est souvent le cas dans le domaine esthétique, c'est souvent un artiste d'importance moindre (mais non forcément un artiste mineur) qui défricha le terrain pour les grands maîtres : ici Muzio Clementi (1752-1832), un Romain très tôt devenu anglais.

Muzio Clementi présente la particularité unique de s'être illustré dans tous les domaines touchant au piano. À dix-huit ans il passait déjà pour le plus grand pianiste de son temps et, jusqu'à un âge avancé, se fit applaudir dans toute l'Europe. Ses œuvres nombreuses et de qualité lui valurent le titre de « père du pianoforte ». Pédagogue, il écrivit une *Introduction à l'art de jouer le piano forte* (1801) et un *Gradus ad Parnassum* (1817-1826), qui demeurèrent très longtemps des classiques du genre. Éditeur, il passa commande de

Salvador Dali (1904-1989), *Hallucination partielle – Six images de Lénine sur un piano.* Centre Pompidou.

plusieurs œuvres à Beethoven. Enfin, il construisit et vendit avec l'assistance de son élève John Field, les instruments de la firme Longman, Clementi & C° dont il détenait une bonne partie des actions depuis 1798. Il développa entre autres, grâce à son associé William Frederick Collard, le procédé dit « *harmonic swell* » qui permettait de gonfler l'importance des harmoniques et de jouer sur la « sympathie » entre les cordes, c'est-à-dire d'enrichir considérablement le timbre et la couleur d'une note ou d'un accord. En fait, il semble particulièrement significatif qu'à l'époque majeure du progrès technique du piano deux compositeurs d'importance se soient également consacrés à la facture de l'instrument : Ignace Pleyel et Muzio Clementi. Ce dernier paraît néanmoins plus représentatif encore que le premier, qui n'était pas pianiste et dont l'œuvre, du reste considérable, comporte peu de pièces pour piano solo.

Pendant longtemps, la postérité s'est montrée injuste pour Clementi. Son goût de la publicité, son âpreté au gain, sa dureté en affaires lui attirèrent bon nombre de jugements sévères, parmi lesquels celui de Mozart. Mais l'écoute de ses œuvres témoigne d'un indéniable talent et son activité multiple le pose comme une figure majeure de l'histoire du piano.

HERZ Henri (1803-1888)
Le nom d'Henri Herz est bien oublié aujourd'hui. Il connut cependant une grande notoriété en son temps dans le quadruple rôle de pianiste, de facteur de pianos, de pédagogue et de compositeur. Pianiste, Herz parcourut triomphalement pendant vingt ans, des années 1830 aux années 1850, l'Europe et les Amériques - il composa, au passage, l'hymne national mexicain. Facteur de pianos, il en construisit plus de trente mille réputés pour leur beauté. La marque Herz, cédée à Thibout puis à Ruch, ne disparut qu'en 1932. Pédagogue, fondateur de l'École spéciale de piano, il fut en particulier le maître de Marie Jaëll et l'auteur d'une célèbre *Méthode complète de piano*. Enfin, le catalogue de ses œuvres ne comporte pas moins de 220 numéros d'opus, sans compter les pièces à destination pédagogique. On y trouve nombre de paraphrases d'opéras d'un caractère le plus souvent gai, brillant et virtuose.

Le piano romantique

Faisons un (mauvais) rêve : si Bartolomeo Cristofori était né non en 1655 mais en 1855 – après la disparition de Beethoven, Schubert, Chopin, Mendelssohn et Schumann –, ces compositeurs n'auraient pas connu l'instrument *a forte e a piano*. Quelle histoire de la musique raconterions-nous aujourd'hui ?

Comme il serait vain de paraphraser ce que d'autres ont déjà fort bien dit, je me contenterai de citer, en guise de réponse, deux éminents musicologues. « Dans les années 1820, écrit Hugh Macdonald, le principal centre d'intérêt de l'école dite « brillante » des pianistes virtuoses résidait dans l'éclatante sonorité du nouveau registre aigu du clavier, auquel plus d'une octave avait été ajouté, ainsi que de nombreuses notes dans le registre grave. Le style que nous associons à Hummel, Moscheles et Kalkbrenner repose sur l'éclat du registre aigu et sur une grande agilité. La musique pour piano de cette époque fourmille en effets de gammes, arpèges et traits rapides dévolus à la main droite. Schubert et Mendelssohn en étaient tous deux friands, de même que Chopin dans ses œuvres de jeunesse. » On en profitera, en passant, pour signaler que la légende selon laquelle le « pauvre Schubert » n'eut jamais de piano à lui est totalement controuvée. Schubert possédait un instrument construit par Conrad Graf, l'un des meilleurs facteurs viennois.

Citons également Claude Rostand : « Parce qu'il se cherche, et dans la solitude, Schumann commencera à s'exprimer longuement, pendant dix ans, à l'aide du seul piano, à l'exclusion de tout autre instrument. Avec son énorme ouverture de sept octaves, avec ses contrastes de noir et blanc mais aussi ses possibilités de couleurs, avec son articulation qui reste claire jusque dans le murmure et dans le brouillard harmonique, avec ses ressources d'improvisation polyphonique et symphonique, le piano n'est-il pas, pour un romantique, l'instrument idéal de la conversation intérieure ? Au surplus, instrument nouveau pour un assoiffé de nouveauté. »

•
À GAUCHE
Le piano du compositeur danois Carl Nielsen (1865-1931) à Odense.

•
À DROITE
Signature d'un facteur viennois (vers 1825) sur un piano se trouvant dans la maison-musée Franz Schubert à Vienne. Contrairement à la légende, Schubert posséda toujours un piano, ordinairement un Conrad Graf.

•
DOUBLE PAGE SUIVANTE
La salle de musique de la Hofgärtnerei (Weimar), où Liszt séjourna à partir de 1869. Remarquer le « grand » Bechstein.

Benignus Seidner
Bürger
in Wien

C. BECHSTEIN

À gauche
Pianoforte
de la maison-musée
de Joseph Haydn à Vienne
Noter les « marches »
noires et les « feintes »
blanches.

À droite
Le piano de Puccini à Torre
del Lago. La firme fondée
par August Friedrich Forster
(1829-1897) existe toujours.

Page suivante
Extrait de *Hot Shots*
de Jim Abrahams (1991)
avec Charlie Sheen, Cary
Elwes, Valeria Golino.

AUGUST FORSTER

Baldwin

•
La salle de musique de la maison de Grieg, à Toldhaugen (Norvège). Le piano est un Steinway que les mélomanes de Bergen offrirent au couple Grieg pour ses noces d'argent en 1892.

•

Le piano de Richard Wagner à Wahnfried (Bayreuth). Cet instrument fut offert au compositeur par Breitkopf & Härtel. Il fallut cependant un certain temps pour que les œuvres de Wagner rapportent quelque argent à leur éditeur.

•

À GAUCHE

Le piano de Jean Sibelius dans son cottage d'Ainola, à Järvenpää.

La cause est entendue : sans les particularités techniques du piano, l'univers sonore des romantiques est, au sens littéral du terme, inimaginable. Mais l'instrument n'a pas seulement influé sur le contenu, il a aussi modelé la forme. Il existait, avant Mozart et avant le piano, des concertos pour clavier (orgue ou clavecin) et orchestre. Les Bach – Jean-Sébastien, Wilhelm Friedmann, Carl Philipp Emanuel, Jean-Chrétien – sont les auteurs d'œuvres nombreuses et de qualité. Mais les vingt-trois concertos de Mozart pour clavier, tous écrits pour le piano, sont à la fois les modèles et les chefs-d'œuvre du genre. Alfred Einstein souligne : « Le piano est le seul instrument qui n'est désavantagé ni par un volume sonore limité [...] ni par des difficultés dans l'intonation ou la modulation [...] Il est tout aussi puissant que l'orchestre, auquel il peut s'opposer à la fois par sa variété de couleurs sonores et la force de sa percussion. »

On a déjà évoqué le rôle du piano dans le développement de la forme sonate et, pour commencer, dans le genre pour piano seul. Il va sans dire que les avantages rappelés par Alfred Einstein sont tout aussi valables pour la sonate qui associe le piano à un autre instrument, qu'il s'agisse du violon, vieux compagnon et vieux rival du clavier – qu'on songe au « pianisme » d'une sonate comme celle de César Franck –, ou des différents bois – flûte, cor, basson, clarinette – dont au demeurant la facture évolua en même temps que celle du piano. On peut en dire autant du rôle du piano dans les autres formations de chambre – trios, quatuors, quintettes avec piano – et, peut-être plus encore, dans l'accompagnement de la voix. Ici le piano sait se faire soupir ou cri, caresse ou blessure, qu'il s'agisse du *Voyage d'hiver* de Schubert ou des mélodies de Duparc. On n'oubliera pas un genre plus rare mais illustré par quelques chefs-d'œuvre, le mélodrame, où le piano dialogue avec un récitant sur des textes de toute nature, passionnés comme les ballades de Bürger ou de Hebbel qui inspirèrent Liszt et Schumann, ou gentiment ironiques comme *Histoire de Babar, le petit éléphant* de Francis Poulenc.

En attendant le phonographe

Deux musiciens qui jouent ensemble sur deux pianos ou sur le même clavier, devant des amis, évoquent irrésistiblement une scène de ces « schubertiades » auxquelles le piano semble indissolublement lié. En fait, l'origine de ces duos n'est ni viennoise ni romantique, mais anglaise et élisabéthaine, puisqu'on en trouve dans l'œuvre de John Bull (vers 1560-1628). Toutefois, c'est sans conteste le piano qui popularisa le genre. La première sonate à quatre mains pour piano est d'un tout jeune Mozart (K 19 d, 1765) que suivit en 1777 le fondateur de la musicologie moderne, Charles Burney, avec une série de quatre *Sonatas or Duets* (Sonates ou duos) pour le pianoforte. Outre leurs charmes conviviaux, les duos pianistiques multipliaient par deux le nombre déjà élevé de combinaisons sonores (en hauteur, intensité et couleurs) offertes par l'instrument. De toute manière, à deux ou à quatre mains, le piano permettait de remplacer au concert et, surtout dans le salon, l'orchestre tout entier. De là, au XIXe siècle, l'incroyable succès des réductions et des transcriptions (parfois accommodées en variations, « souvenirs », « réminiscences ») d'œuvres à grands effectifs : concertos, symphonies, oratorios, opéras, etc. Comme il n'existait pas de maison grande-bourgeoise ou petite-bourgeoise où le piano n'occupât « une place d'honneur et une allure de maître » (Guy de Maupassant, *Notre cœur*, 1890), le piano remplit ainsi, avant l'invention du phonographe, un rôle majeur dans la diffusion de la musique. La multiplication des transpositions et, surtout, des réductions eut elle-même des conséquences considérables dans l'économie de la musique. Le piano se trouva ainsi directement ou indirectement responsable du développement des grands éditeurs de musique comme Schott, Ricordi ou Breitkopf & Härtel – et responsable aussi d'une certaine libération des compositeurs par rapport aux cupides *impresarii*. Les revenus que les auteurs lyriques tiraient désormais des réductions pour piano et chant pouvaient dépasser le montant des droits perçus pour les représentations de leurs œuvres.

•

Henri Fantin-Latour (1836-1904), *Autour du piano* (1885) musée d'Orsay. De gauche à droite, Adolphe Julien, Arthur Boisseau, Emmanuel Chabrier, Camille Bencit, Edmond Maître, Antoine Lascoux, Vincent d'Indy, Amédée Pigeon.

•

Robert et Clara Schumann (daguerréotype). Clara Schumann, compositeur elle aussi, fut l'une des plus grandes pianistes de son temps.

Le piano se donne en spectacle

En décembre 1672, John Banister avait proposé le premier concert public et payant de l'histoire de la musique, c'est-à-dire une exécution musicale qui ne relevait ni de l'église ni du théâtre ni de la cour. Banister, ancien violon du roi, se produisit chez lui « près de George Tavern » avec ses amis musiciens, pour une somme modique équivalant à une dizaine d'euros. Depuis, ce genre de manifestation s'était multiplié grâce, en particulier, aux sociétés de concerts. Mais, comme à l'origine, les programmes associaient des œuvres de genres et de caractères variés : pièces pour solistes, pour chœur et/ou pour orchestre, airs d'opéra ou romances, etc. Il fallut l'ampleur de l'instrument et le génie d'un instrumentiste – Franz Liszt – pour que le piano se donnât seul en spectacle. Le 10 décembre 1837 dans l'immense salle de la Scala, devant trois mille auditeurs, chose à peine imaginable à l'époque, Liszt s'ingénia à stupéfier les Milanais. « En conscience, écrivit-il, je devais y faire une singulière figure, moi si maigre, si *étriqué*, seul à seul avec mon fidèle piano d'Erard ». Franz Liszt donna aussi son nom actuel à cet exercice glorieux et périlleux. Par son contenu et sa forme, le programme annoncé dans la presse londonienne mérite qu'on le reproduise ici – notons les prix : environ 85 euros pour les places ordinaires et plus de 150 euros pour les places près du piano.

•
Bulhakaw, *Liszt en démon*, caricature d'époque à l'encre de chine rehaussée d'aquarelle.

> M. Liszt donnera aux Hanover Square Rooms à deux heures mardi matin [*sic*], 9 juin 1840, en RÉCITAL AU PIANO les œuvres suivantes
> 1. Scherzo et finale de la *Symphonie pastorale* de Beethoven
> 2. *Sérénade* de Schubert
> 3. *Ave Maria* de Schubert
> 4. *Hexaméron*
> 5. *Tarentelles napolitaines*
> 6. *Grand Galop chromatique*
>
> Billets : 10 shillings 6 pence pièce. Sièges réservés près du piano : 21 shillings.

Et Liszt, de s'exclamer, « louis-quatorzièmement », dans une lettre à la princesse Belgiojoso : « Le concert, c'est moi ! » C'était du reste la même princesse Belgiojoso qui avait renouvelé, pour le piano, un autre genre de spectacle : le duel, dont les origines remontaient au tournoi qui, à Dresde en septembre 1717, devait opposer au clavier Jean-Sébastien Bach et le Français Louis Marchand – les sources divergent sur la nature de l'instrument : orgue, clavecin, voire *Flügel*, c'est-à-dire pianoforte. On sait que ce match se termina par la victoire par forfait de Jean-Sébastien, Marchand ayant préféré s'enfuir avant la confrontation. Certes à Vienne, au tournant du siècle, de grands pianistes comme Himmel, Hummel ou Beethoven s'étaient jeté des défis dans les salons de leurs protecteurs. Mais la princesse avait fait fort. On put lire dans La *Gazette musicale* du 26 mars 1837 : « On annonce une œuvre de charité qui aura lieu à la fois au profit des riches dilettanti et des Italiens indigents. C'est un concert qui sera donné le vendredi 31 mars dans les salons de la princesse de Belgiojoso. On y entendra les artistes les plus distingués que nous possédions et quelques amateurs dignes du nom glorieux d'artistes. Mais le plus puissant intérêt de cette réunion, la plus attractive de toutes les influences, sera sans contredit le concert simultané de deux talents dont la rivalité agite en ce moment le monde musical et tient la balance indécise entre Rome et Carthage : MM. Liszt et Thalberg occuperont tour à tour le piano. »

Le duel passionna le Paris musical et, à raison de quelque 250 euros le billet, soulagea les « Italiens indigents », sans doute des patriotes lombards en exil à Paris. Berlioz tenait pour Liszt, Fétis pour Thalberg. Le public rendit un jugement égal : « Deux vainqueurs et pas de vaincu », conclut le *Journal des Débats*. « Thalberg est le premier pianiste du

A. Rixens, *Dans l'atelier.*

monde – Liszt est le seul », trancha la princesse, qui renouvela par la suite l'expérience en opposant rien de moins que Liszt, Thalberg, Herz, Pixis, Czerny et Chopin.

On pourrait penser que nous sommes désormais trop familiarisés avec le piano (et trop rassasiés de compétitions sportives de toute nature) pour nous enthousiasmer aujourd'hui pour ce genre d'affrontement. Du reste, le nombre de riches *dilettanti* a fortement diminué. Mais les féroces débats entre critiques de disques et surtout les concours, internationaux ou non, télévisés ou non, perpétuent l'admiration, l'étonnement, voire la crainte que nous inspire l'instrument qui, en deux siècles, bouleversa l'histoire de la musique.

•

Publicité pour les pianos Klein, musée des Facteurs (Limoux). Ce facteur, qui revendique une antériorité remontant à 1791, existe toujours. Son petit piano « Junior » a connu un réel succès populaire

•

Jean-Gabriel Scheffer, *Liszt*. Tableau exécuté pendant le séjour en Suisse de Liszt et de Marie d'Agoult à Genève (1835-36).

•

DOUBLE PAGE SUIVANTE

Coupe de mécanique.

•

Extrait de *Casablanca* de Michael Curtiz (1943) avec Ingrid Bergman, Humphrey Bogart, Paul Heinreid, Peter Lorre.

•

Erroll Garner (1921-1977), pianiste de jazz américain, à l'Olympia de Paris, en décembre 1957.

La note bleue

À cause de la difficulté d'en maîtriser le jeu autant qu'à cause du prix de l'instrument, le piano n'appartient pas à la préhistoire compliquée et controversée du jazz ou du blues. Celle-ci devait ses sonorités à des instruments bien plus accessibles aux ci-devant esclaves noirs : de frustes percussions, le banjo, la voix humaine, surtout. Certes, on peut découvrir des éléments précurseurs du jazz dans certaines œuvres de Louis Moreau Gottschalk (1829-1869) et notamment dans *La Bamboula*, dans les compositions et les improvisations de l'étonnant Thomas Bethune (1849-1908) dit « Blind Tom », virtuose et compositeur autodidacte, ou même dans la musique des *Minstrels*, ces faux Noirs barbouillés de bouchon brûlé qui firent fureur dans la seconde moitié du XIXe siècle et dont Debussy célébrera le souvenir dans sa pièce du même nom (1910). Mais il s'agit d'un courant d'origine plus ou moins savante, né indépendamment de la musique ethnique des Noirs américains et qui finit par confluer avec cette dernière.

Pourtant, le piano exerça une influence déterminante sur le répertoire et l'écoute de ce qui allait devenir le jazz. La première utilisation du piano dans la musique populaire aux États-Unis semble due à la puissance sonore de l'instrument, seul capable de se faire entendre à partir de la fin du XIXe siècle dans l'ambiance agitée des bordels de Storyville à La Nouvelle-Orléans, dans les camps de bûcherons du Mississippi et de l'Arkansas, dans les *saloons* de Saint Louis et de Memphis où les candidats à l'Ouest faisaient joyeusement leur deuil de la vie civilisée. C'est sur ce piano que se firent successivement entendre le *ragtime* de Scott Joplin (1868-1917), le *stomp* de « Jelly Roll » Morton (1885 ou 1890-1941), le *stride* de James P. Johnson (1894-1955), le *boogie-woogie* de Clarence « Pinetop » Smith (1904-1929). Du reste, on ne peut véritablement considérer Scott Joplin, le plus

•

À DROITE

Duke Ellington (1899-1974) enregistrant à Paris en février 1963 .

PAGE SUIVANTE

Nat « King » Cole (1917-1965), pianiste et chanteur de jazz américain.

•
Le groupe de jazz Louis Armstrong Hot Five, créé en 1925. De gauche à droite : Louis Armstrong, John Saint Cyr, Johnny Dodds, Kid Ory .

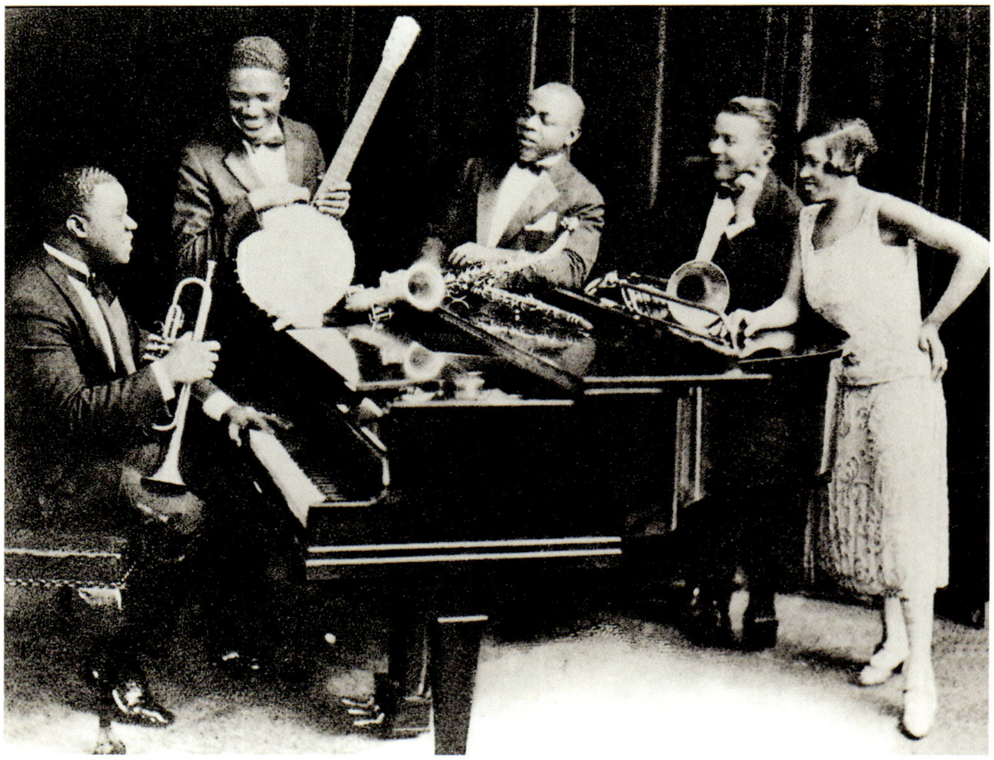

célèbre, comme un total autodidacte : il avait suivi en 1895 les cours d'une institution pour l'éducation des Noirs et composa deux opéras, *A Guest of Honor* et *Treemonisha*.

Pour la bourgeoisie puritaine et parvenue, le *ragtime*, né sur le piano d'un bordel, sentait le soufre : « La musique que vous appelez *ragtime* empoisonne le développement musical et le goût des jeunes. Le *ragtime* est une musique diabolique, une dangereuse épidémie qui doit être exterminée », affirmait avec componction en 1901 l'excellent chef wagnérien Karl Muck, qui dirigea pendant quelques saisons le Boston Symphony Orchestra. Il faut direque deux ans plus tôt, en 1899, la partition pour piano du *Maple Leaf Rag* de Scott Joplin s'était vendue à un million d'exemplaires. Ce n'était pas pour autant la première partition de *ragtime* publiée. *Mississippi Rag,* de William H. Krell, l'avait été dès 1897.

Car, quelle que fût la partition qu'on lui confiât, le piano se montrait un instrument complet, à la fois rythmique, mélodique et harmonique, infiniment plus riche de possibilités que le *brass band* et le banjo. Il restait aussi, malgré ses débuts quelque peu crapuleux dans la faune du Vieux Sud, un instrument de haute race que les grands compositeurs et les grands virtuoses européens avaient illustré et qui, malgré qu'en eussent chefs d'orchestre et critiques blancs, ennoblissait (ou du moins embourgeoisait) la musique qu'on n'allait pas tarder à appeler « jazz ». En d'autres termes, c'est pour partie grâce au piano que le jazz cessa d'être une simple expression ethnique pour devenir un vaste domaine du royaume de la musique.

Le piano parvint même à rendre l'une des particularités les plus savoureuses de la musique noire américaine, la « note bleue », qui résulte de l'abaissement d'une fraction de ton (entre un quart et un peu plus d'un demi-ton) du troisième, du septième et parfois du cinquième degré de la gamme majeure, c'est-à-dire de la médiante, de la sensible et de la dominante. Selon les musicologues, qui ne sont d'ailleurs pas unanimes, cette curieuse altération aurait résulté de la difficulté à transporter dans la grammaire diatonique européenne la gamme africaine, de type pentatonique. Cette note « bleue » que les

Duke Ellington jouant *Don' t get around much anymore* au Carnegie Hall de New York.

chanteurs pouvaient donner facilement, chacun à sa manière, posait un problème, en apparence insoluble pour le clavier tempéré, que les pianistes de jazz réussirent très vite à tourner : il leur suffisait de frapper à la fois la touche de la note et celle du demi-ton inférieur, c'est-à-dire, en *ut* majeur, le *mi* et le *mi* bémol, le *sol* et le *sol* bémol, le *si* et le *si* bémol. On peut penser, au demeurant, que l'accord approximatif des pianos à *ragtime* ajoutait encore à la nuance si particulière de la note bleue.

Avec le *ragtime* et ses avatars les plus directs, le *stride*, le *stomp* et le *boogie-woogie*, le piano gagnait définitivement sa place comme un instrument pratiquement indispensable, voire central dans l'orchestre de jazz, qu'il s'agisse des formations « historiques » comme les *Society Syncopators* de Fate Marable et l'orchestre de Fletcher Henderson des années 1910 et 1920, ou des *big bands de swing* qui leur succédèrent avec, bien sûr, Count Basie et Duke Ellington. Dans ces derniers cas, on notera avec intérêt que le rôle tenu par le pianiste chef d'orchestre est exactement celui que tenait dans l'orchestre d'opéra, deux siècles auparavant, le *maestro concertatore al clavicembalo* – souvent, le compositeur lui-même.

PAGE SUIVANTE
Extrait de *Great Balls of Fire* de Jim McBride (1989) avec Denis Quaid, Winona Ryder, John Doe, Stephen Tobolowsky, Alec Baldwin, Trey Wilson.

•
Extrait des *5000 Doigts du Docteur T.* de Roy Rowland (1953) avec Peter Lind Hayes, Mary Healy, Hans Conried, Tonny Reimg, John Heasley, Robert Heasley, Noel Cravat, Henry Kulky.

Le piano fait son cinéma

Le piano commença sa carrière cinématographique de manière excessivement modeste : au temps du muet, dans une fosse, avec pour but premier de couvrir le ronflement du projecteur et, accessoirement, de souligner les sentiments ou les mouvements des acteurs (un peu de Chopin pour les grandes tristesses, l'ouverture de *Guillaume Tell* pour une poursuite, un *cake-walk* pour le comique, etc.). Encore s'agissait-il des petites salles de quartier ; les autres disposaient d'un orgue Hammond (appelé pour cela « orgue de cinéma »), si ce n'est d'un orchestre complet. Dans ces conditions, si l'on commanda à Saint-Saëns une « musique de scène » à grand orchestre pour *L'Assassinat du duc de Guise*, aucun musicien notable ne s'intéressa à l'humble piano de cinéma, laissé aux talents de transpositeur ou d'improvisateur d'un professeur sous-employé ou d'un élève de conservatoire.

De toute manière, le cinéma sonore allait mettre au chômage ces travailleurs de force de la musique qui tapaient sur leur clavier jusqu'à dix heures par jour. Mais, en même temps, il mit l'instrument sur l'écran. Car le piano, si l'on ose dire, joue fort bien et de manière très variée : immense, blanc et doré dans les comédies musicales ; étriqué, droit et noir dans les drames intimistes ; ici solennel et triomphant, là joyeux et trépidant, ou encore menaçant, voire terrifiant, toujours à l'aise pour structurer un décor, opposer les reflets et les ombres, inviter un travelling. Et pas exigeant avec cela : que l'ingénue ou le jeune premier pratique ou non l'instrument n'a pas la moindre importance ! Pour l'œil ou pour l'oreille, on saura trouver de beaux et de bons doigts. Le cinéma permettra même de repousser les murs de l'appartement ou de la salle de concert ; on posera le piano sur une plage, à l'arrière d'un camion, au sommet d'une montagne aride. Le voici spectaculaire, comique, poétique, insolite. Mais il s'agit ici d'une autre histoire…

•
À DROITE
Extrait de *Sept Ans de réflexion* de Billy Wilder (1955) avec Marilyn Monroe et Tom Ewell.

•

Extrait d'*Absolute Beginner* de Julien Temple (1986) avec Patsy Kensit, Eddie O'Connell, David Bowie, James Fox.

M·G·M
M·G·M

Le roi du salon bourgeois

Piano : Indispensable dans un salon.
GUSTAVE FLAUBERT,
Dictionnaire des idées reçues.

Autour du piano

À DROITE
Portrait de Pierre Joseph Guillaume Zimmermann (1785-1853), l'un des pianistes français les plus célèbres du XIXe siècle, par Antoine-Jean Gros. Compositeur fécond d'œuvres lyriques ou instrumentales, Zimmermann écrivit une *Encyclopédie du pianiste*. Gounod fut son gendre.

PAGE PRÉCÉDENTE
Extrait de *La Leçon de piano* de Jane Campion (1992) avec Holly Hunter, Harvey Keitel, Sam Neil, Anna Paquin.

Le piano nouveau est arrivé

Les institutions officielles ne furent pas en retard au rendez-vous de l'innovation. En 1797, première année complète de fonctionnement du conservatoire de Paris, cinq professeurs de piano (dont les frères Louis et Hyacinthe Jadin) y enseignaient, contre deux de clavecin et, l'année suivante, dix professeurs de piano et aucun de clavecin. On préleva les pianofortes nécessaires dans ceux qu'on avait confisqués aux émigrés quelques années plus tôt. Contrairement à la légende et à l'exception des instruments détruits dans les incendies de châteaux, la Révolution ne se livra pas à des autodafés publics et massifs de clavecins ; les tenir pour des symboles d'une société tyrannique et corrompue, aussi surannés que la perruque poudrée des ci-devant, eût été déjà un anachronisme. En réalité, c'est sous la Restauration qu'une centaine de clavecins subirent ce sort cruel… pour des raisons purement utilitaires. Les clavecins saisis chez les émigrés étaient restés entreposés dans les greniers du conservatoire de Paris, transféré en 1816 dans les anciens locaux de l'hôtel des Menus-Plaisirs, qui occupait l'emplacement des actuels numéros 17 à 41 de la rue du Faubourg-Poissonnière. Faute de budget, la direction ne put acquérir le bois de chauffage nécessaire ; en 1816, l'hiver ayant été rigoureux, on se chauffa avec les clavecins.

Cette même année, la plupart des clavecins survivants étaient relégués dans les greniers et le piano régnait déjà en maître. On peut même s'étonner de la rapidité du développement d'un instrument qui, quelques décennies auparavant, demeurait pour beaucoup une curiosité. Le nouveau siècle n'avait pas cinq ans que le *Journal de Paris* notait déjà :

•

Au salon de musique
de Joséphine,
à La Malmaison.

Un rival d'Erard

Hector Berlioz, *Les Grotesques de la musique*, 1859.

Certains mécaniciens amateurs se livrent parfois à la fabrication des instruments de musique avec le plus grand succès. Ils font même dans cet art d'étonnantes découvertes… Ces hommes ingénieux, autant que modestes, dédaignent néanmoins d'envoyer leurs ouvrages aux expositions universelles, et ne réclament pour eux personnellement ni brevet d'invention, ni médaille d'or, ni le moindre cordon de la Légion d'honneur.

L'un d'eux vint un jour, en Provence, visiter son voisin de campagne, M. d'O…, célèbre critique et musicien distingué. En entrant dans son salon :

« Ah ! vous avez un piano ? lui dit-il.

– Oui, un Erard excellent.

– Moi aussi, j'en ai un.

– Un piano d'Erard ?

– Allons donc ! de moi, s'il vous plaît. Je me le suis fait à moi-même, et d'après un système tout nouveau. Si vous êtes curieux de le voir, je le ferai mettre demain sur ma charrette, et je vous l'apporterai.

– Volontiers. »

Le lendemain, l'amateur campagnard arrive avec sa charrette ; on apporte le piano, on l'ouvre, et M. d'O… est fort étonné de voir le clavier composé exclusivement de touches blanches. « Eh bien ! et les touches noires ? dit-il.

– Les touches noires ? Ah ! oui, pour les diézes [*sic*] et les bémols ; c'est une bêtise de l'ancien piano. Je n'en use pas. »

Ludwig van Beethoven improvisant chez le cordonnier Franz Bonn. Composition de Frédéric Lix.

« Le piano est maintenant l'instrument le plus répandu… on voit peu de salons qui n'en soient décorés ». L'exemple venait de haut : à la Malmaison, à partir de 1799 et au fil du temps, le « salon de musique » de Joséphine se garnit d'une harpe Erard et de plusieurs pianos du même facteur. De clavecin, point : l'instrument eût fait sourire le beau monde du Consulat puis de l'Empire. Le dernier clavecin de l'époque fut construit, semble-t-il, par Kirckman à Londres, autour de 1809 – mais on utilisa encore parfois l'instrument, sur les conseils de Rossini, pour l'accompagnement de certains récitatifs d'opéra.

La paix chez soi

En perfectionnant l'instrument et en favorisant sa diffusion, ce siècle industrieux visait à l'utile autant qu'à l'agréable. Lors de son ambassade à Berlin, en 1821, comparant défavorablement (déjà !) le sens musical des Français à celui des Allemands, Chateaubriand affirmait : « Nous sommes bien loin de ce sentiment de l'harmonie, moyen puissant de civilisation ; il a introduit dans la chaumière des paysans de l'Allemagne une éducation qui manque à nos hommes rustiques : partout où il y a un piano, il n'y a plus de grossièreté ». Les romantiques ne considéraient pas seulement la musique comme un signe de civilisation, mais comme un élément qui contribue à celle-ci. En cela, la pratique du piano remplissait, à un niveau supérieur de l'échelle sociale, la fonction assignée aux chorales populaires et aux fanfares ouvrières : adoucir les mœurs et éviter les tensions, ce que la revue *The Harmonicon*, en avril 1833, latinisait ainsi : « *Emollit mores nec sinit esse feros* ».

Le maintien de la paix sociale commence par définition au cercle de famille, avec ces innocents divertissements auxquels se prête si bien l'instrument harmonique : solos digestifs, petits concerts ou même chastes sauteries. La maîtresse de maison y joue naturellement un rôle essentiel auquel son éducation musicale doit l'avoir préparée. Dès 1810, Alexis de Garaudé notait dans les *Tablettes de Polymnie* : « Jamais l'art musical ne fut aussi cultivé qu'aujourd'hui. Il est presque reçu de donner un maître de piano à une jeune demoiselle avant ceux de langue et de géographie. Cette étude philharmonique coûte environ 12 à 15 000 francs pour le prix des leçons, l'achat d'un piano d'Érard et

PAGES SUIVANTES
Marteaux en restauration.

Extrait de *La Leçon de piano* de Jane Campion (1992) avec Holly Hunter, Harvey Keitel, Sam Neil, Anna Paquin.

« Toi qui lis dans mon âme ...
– Comment, que dis-tu ?
– Ce n'est pas à toi que je parle puisque tu lis dans ton journal. »
Caricature de Destouches.

d'une multitude de sonates et de concertos ; mais on fait valoir tout cela en diminuant la dot de la jeune virtuose, et pour peu que le futur gendre sache chatouiller sur le violon l'accompagnement de quelques sonates de Steibelt, il se croit le plus heureux des hommes. »

L'évaluation très généreuse de Garaudé (de 50 000 à 60 000 euros environ) ne vaut guère que pour une famille aisée et, sans doute aussi, pour une élève particulièrement douée. Dans la plupart des cas, les efforts des demoiselles ne se justifiaient que rarement par le goût et le plaisir de la musique. Dans ses *Souvenirs*, la comtesse d'Agoult observe : « Les leçons de piano considérées comme le complément de toute éducation n'ont aucunement pour but d'initier une jeune fille au grand art de la musique, mais seulement de faire d'elle une machinale, une insipide exécutante, capable, en attendant le mariage, de divertir une heure l'ennui des soirées de famille, de jouer en mesure, ou à peu près, une contredanse pour faire danser les voisines. » Quant au vicomte de la *Physiologie du mariage* de Balzac, il ne cache pas que le piano et la musique ne sont rien d'autre qu'un moyen pour avoir la paix :

> Ma femme a, comme toutes les jeunes personnes de notre bienheureux siècle, appuyé ses doigts, pendant trois ou quatre années consécutives, sur les touches d'un piano qui n'en pouvait mais elle a déchiffré Beethoven, fredonné les ariettes de Rossini et parcouru les exercices de Crammer. Or, j'ai déjà eu le soin de la convaincre de sa supériorité en musique : pour atteindre à ce but, j'ai applaudi, j'ai écouté sans bâiller les plus ennuyeuses sonates du monde, et je me suis résigné à lui donner une loge aux Bouffes. Aussi j'ai gagné trois soirées paisibles sur les sept que Dieu a créées dans la semaine. Je suis à l'affût des *maisons à musique*. À Paris, il existe des salons qui ressemblent exactement à des tabatières d'Allemagne, espèces de *Componiums* perpétuels où je vais régulièrement chercher des indigestions d'harmonie, que ma femme nomme des concerts. Mais aussi, la plupart du temps, s'enterre-t-elle dans ses partitions…

Du bon (et du mauvais) usage du piano

Page d'une mélodie d'Augusta Holmès (1847-1903). Par nature, Augusta Holmès, filleule d'Alfred de Vigny, amie de Liszt, de Wagner, de Mallarmé, de Saint-Saëns, se voulait avant tout compositrice d'opéras, d'œuvres symphoniques ou de grandes fresques dramatiques comme son *Ode triomphale pour le centenaire de la Révolution française* (1889). Mais son principal gagne-pain restait les mélodies que les salons bourgeois ne cessaient de lui réclamer — elle en écrivit des centaines !

Dès les premiers émois du préromantisme et du *Sturm und Drang*, l'instrument apparaissait à point nommé pour offrir aux compositeurs un moyen nouveau de manifester une sensibilité nouvelle. Assurément, le goût de l'expression et du brillant inspirait alors la facture de tous les instruments. Toutefois, les perfectionnements des vents ou des cordes, s'ils modifiaient la sonorité ou la technique d'exécution, ne constituaient pas une innovation d'une portée comparable à celle que le pianoforte introduisait. *A forte e a piano*, avec les voix multiples de la polyphonie ou sa faculté de soutenir ses propres mélodies, il savait traduire la subtilité des paysages de l'âme et la violence des « orages désirés ». Grâce à lui le récital, exercice éminemment individualiste, héroïque, voire excessif, faisait son apparition dans la vie musicale. Mais, dans le cadre plus modeste du salon, l'abondance du répertoire, ouvrait un champ illimité à l'amateur, doué ou non, pour affirmer cet égotisme dont la souveraineté était enfin reconnue. Désormais, chacun confiera ses passions, avouables ou non, à son piano : le piano est là ouvert, accueillant, pour aider à se défaire des pensées tentatrices qui pourraient assaillir les plus vertueuses. Les confesseurs et les moralistes ne sauraient trop recommander cet exercice qu'Edmond de Goncourt, qui ne mâche jamais ses mots, assimile sans ambages à une masturbation. Le 25 août 1880, il écrit dans son *Journal* :

> Je lui raconte alors la confession de la comtesse de N***, faite à un vieil oncle à moi : « Quand je me sens un commencement de chatouillement, pour ne pas faire de bêtise, disait la cynique comtesse de N***, je monte dans ma chambre, je me jette sur mon lit et je me *saigne à blanc*. ». Et je crois qu'à l'instar de la comtesse, beaucoup de femmes de la société, dans la crainte des enfants et des choses graves d'une liaison adultérine, vont tuer solitairement, avec leurs doigts exercés au piano, la flamme allumée par une conversation excitante, par un contact amollissant.

IV

L'Heure d'Azur

•

Le curieux piano-bureau à tiroirs que Massenet se fit construire par Pleyel pour sa demeure des champs, le château d'Égreville. Massenet y possédait un deuxième piano, plus classique.

•

Le piano de Francis Poulenc à Noisay. Au dessus de la marque Pleyel, médaille de la Vierge noire de Rocamadour que le musicien gardait ainsi sous les yeux

POULENC
REPONS

•

Lucien Gros,
Jeunes filles au piano.

•

Savoir jouer du piano restait dans les milieux bourgeois au début du XXe siècle, une qualification presque indispensable pour trouver un mari.

•

PAGES SUIVANTES
Bec de pédale tonale.

•

Extrait de *La leçon de piano* de Jane Campion (1992) avec Holl Hunter, Harvey Keitel, Sam Neil, Anna Paquin.

•

Édouard Manet (1832-1883), *Madame Manet au piano*, musée d'Orsay.

•

Auguste Renoir (1841-1919), *Jeunes filles au piano*, musée d'Orsay. Renoir a souvent traité ce thème qu'on lui réclamait beaucoup. Il a peint entre autres, pour 500 francs de l'époque (3 000 euros environ), les trois filles qu'Augusta Holmès eut avec Catulle Mendès

En revanche, Flaubert s'inquiétera d'une pratique trop précoce : « Quand des enfants s'exaltent en jouant du piano, leur cœur bat, ils maigrissent, pâlissent, tombent malades et leurs pauvres nerfs, comme ceux des chiens, se tordent de souffrance au nom des notes. » (Lettre à Louise Collet du 6 juillet 1852.) Edmond About, lui, dénonce les causes de ce qu'on appelait alors « neurasthénie » : « Le danger [...] est dans la rêverie solitaire, dans la lecture des poètes langoureux, dans la promenade au bord des lacs, dans le son des cloches rustiques et le gémissement des orgues, dans le duo qu'on chante à la brune devant un « piano » respectable et patriarcal. C'est le régime des émollients qui détrempe le moral des femmes : le tapage, la cohue, le plaisir vif et turbulent, l'exhibition de soi, sont autant de toniques qui le ragaillardissent. » (*Les Vacances de la Comtesse*, 1864.)

Encore faut-il que la vertu des vraies jeunes filles et des honnêtes femmes ne tombe pas dans quelque piège tendu autour du piano – Marie d'Agoult le savait bien ! S'il est célèbre, s'il est brillant ou, simplement, s'il a l'œil noir et la mèche fatale, le professeur sera le tout premier de ces dangers et l'on ne devra guère compter sur le chaperon, vite ensommeillé, pour s'opposer aux ravages d'un John Field ou d'un Franz Liszt. Heureux le mari violoniste dont parle Alexis de Garaudé ! Il pourra partager lui-même les joies de la musique avec son épouse pianiste, évitant ainsi les complicités illicites qui s'établissent bien vite autour du clavier, pour ne pas parler des frôlements indécents et de la promiscuité du « quatre-mains ». Dans sa série *Fourberies de femmes*, Gavarni met en bonne place une Madame Cocardeau qui, sous le prétexte facile de la musique, pousse le vice jusqu'à faire inviter l'amant par le mari : « Caroline me charge de vous rappeler certain duo dont elle raffole, et que vous lui avez promis. Vous seriez vraiment bien aimable de venir dîner avec elle aujourd'hui, et de lui apporter votre musique. » Après cela, on ne s'étonnera pas du courroux d'un Tolstoï dans *La Sonate à Kreutzer*.

Une enfant prodige ?

À DROITE

La conquête de la petite bourgeoisie française par le piano, dont cette carte postale de la Belle Époque traduit le triomphe, ne se fit peut-être pas si aisément que cela. Un demi-siècle plus tôt Béranger écrivait dans l'une de ses chansons :

Tout est réchauffé
Aux dîners d'Agathe :
Au lieu de café,
Vite une sonate,
Bon !
La fari dondaine,
Gai !
La fari dondé.

Le triomphe de la bourgeoisie

L'idéal ? Un salon blanc et or, des lampes à globes et, au piano, une femme charmante comme vous, Mademoiselle. Il semble qu'on resterait ainsi toujours sans autre désir...
– Ce serait bien bourgeois, Monsieur, répondit Marthe.

PAUL ADAM, *Soi*, 1886.

Le piano devait d'abord son essor à ses qualités musicales, mais sa fulgurante et irrésistible ascension coïncidait aussi avec le triomphe de la bourgeoisie et du progrès scientifique et technique. En fait, au cours du XIXe siècle, le piano s'affirma comme l'un des symboles majeurs de cette civilisation occidentale qui, aux exceptions sans cesse plus restreintes des taches blanches des cartes, proclamait (ou imposait) sa supériorité sur les cinq continents. Le colon blanc d'Amazonie écoute Gottschalk et commande son piano à Erard sur le *Catalogue spécial d'instruments destinés aux pays tropicaux*. Lors de l'Exposition universelle de Paris de 1878, c'est par le premier piano *made in Japan* que l'empire du Soleil-Levant annonce son entrée dans le cercle des nations industrielles. Dix ans plus tard, le premier objet que l'on hissa au troisième étage de la tour Eiffel fut un Pleyel droit sur lequel Jenny Lefébure joua *Un Sospiro* de Liszt et la *Valse chromatique* de Benjamin Godard.

Aussi le salon de Joseph Prudhomme s'orna-t-il nécessairement de l'instrument symbole. Du simple point de vue économique, en tout cas, le piano était tout naturellement destiné aux « classes moyennes ». Grâce aux procédés de fabrication semi-industrielle, le prix d'un instrument bas de gamme devenait accessible à la bourgeoisie la plus modeste, tout en restant interdit à la populace. Du début du XIXe siècle à 1914, en dépit de l'évolution de la facture et de la fabrication de l'instrument, le prix moyen du piano le moins cher ne descendit jamais au-dessous de 1 200 francs or. C'était un rêve qu'un petit employé à 300 francs par mois pouvait à la rigueur envisager, mais qui restait inaccessible au

manouvrier à trois francs par jour – la correspondance très grossière, mais respectant les ordres de grandeur, est d'environ 6 euros pour 1 franc or.

Le piano prenait place dans un nouvel espace d'habitation bourgeoise, au terme d'une évolution commencée dès le premier tiers du XVIIIe siècle et accomplie grâce à l'accroissement des revenus des classes moyennes. Naguère encore, les appartements se distribuaient en enfilade ; les pièces n'avaient pas d'affectation fixe et l'on changeait de place les meubles selon la destination provisoire du lieu où on les appelait – ô légèreté bienvenue du clavecin ! Du reste, partout en Europe, l'habitat se transformait. Louis-Sébastien Mercier, témoin fidèle des mutations de l'époque, note dans son *Tableau de Paris*, publié entre 1781 et 1788, qu'il a vu reconstruire en vingt ans le tiers des maisons de Paris. À cela, s'ajouteront les grandes transformations urbaines du XIXe siècle telles, à Paris, la Nouvelle Athènes et, plus tard, la colonisation de la plaine Monceau. Dans ces nouvelles maisons bourgeoises, l'espace s'organise et se diversifie, les meubles se fixent ; les pièces où l'on vit pour soi (chambre, cabinet de travail) se séparent nettement de celles où l'on reçoit : salle à manger et salon. Le piano devient vite l'île heureuse de ce dernier archipel puisque, selon les principes de la civilité puérile et honnête, il n'est divertissement plus agréable, plus sain et moins coûteux que celui qu'on goûte en famille ou entre amis.

Un piano Biedermeier du facteur viennois Joseph Schätzel (environ 1830). On notera les cinq pédales, dont une pédale jeu de basson, une pédale « céleste » et une pédale soufflet pour effet d'harmonium.

Un meuble meublant

De toute manière, le piano est le seul instrument de musique qui constitue un « meuble meublant » au sens du Code civil. On ne le sort pas d'un tiroir ou d'une armoire, comme un violon ou une flûte ; il reste là où on le pose, bien en vue, parfois au beau milieu de la pièce. Quand on ne fait pas de musique, on tente de « rentabiliser » sa présence : Henri Pape, qui cultive une clientèle cossue, lance le piano table, le piano guéridon, le piano console. Sur ce meuble redevenu muet, on pose le plateau pour le thé, rite mondain auquel on ne saurait échapper : « Ce charmant petit meuble se place aisément partout, il n'y a pas de si étroit cabinet où l'on ne lui trouve quelque coin… Nous nous trompons fort ou le piano console va devenir l'instrument favori des dames, le meuble indispensable des boudoirs. » (Catalogue de l'Exposition des produits de l'industrie, 1839.)

Grâce à la très grande variété de modèles, le piano permet d'afficher le niveau de la condition bourgeoise à laquelle on appartient ou à laquelle on feint d'appartenir. On notera qu'à cet égard, comme en matière industrielle ou commerciale, il existe un parallélisme troublant entre le piano et l'automobile. Ainsi le directeur de ministère ou le maître de forges pouvaient-ils s'offrir un « grand modèle » (piano à queue classique) valant entre 4 000 et 5 000 francs, plus les « enrichissements » éventuels (bois précieux, vernis Martin, dorures et sculptures, etc.) qui pouvaient aller jusqu'à doubler le prix de l'instrument. C'était beaucoup, certes, mais beaucoup moins que le clavecin de l'Ancien Régime, fabriqué à l'unité, qui exigeait une décoration encore plus ruineuse.

À vrai dire, la grande majorité des instruments montraient une grande sobriété. De vernis noir ou d'acajou poli, ils proposaient une exacte contrepartie à la redingote sombre de Joseph Prudhomme. Néanmoins, puisqu'il s'agissait aussi d'un symbole social, il arrivait que le luxe montât à la tête de César Birotteau. Tantôt le piano profitait des contraintes de sa forme pour affirmer son originalité : ainsi les pianos pyramidaux de Leopold Sauer et ceux, surornementés, de Graf, variations luxueuses du piano à cadre vertical de Friederici ; ainsi le « Duoclave », énorme piano double qui mettait face à face les quatre mains ; Pleyel, entre autres, en construisit plusieurs modèles, dont l'un ne mesurait pas moins de trois mètres de long. Tantôt le facteur (ou plus exactement l'ébéniste) s'inspirait plus ou moins étroitement d'un style à la mode. Vers 1815 Joseph Brodmann, de Vienne, adapte les bois chaleureux et les bronzes raffinés de Jacob et

Le Steinway construit
pour le propriétaire
des magasins Woolworth.
Sculptures de Juan Ayuso.

•
Réglage des poupées
et mise en attente avant
collage des marteaux
d'étouffoir.

•
Extrait de *La Corde*
d'Alfred Hitchcock (1948)
avec James Stewart,
John Dall, Farley Granger,
Joan Chandler,
sir Cedric Hardwicke.

dans les années 1830 Schätzel ou Wolff, de Vienne également, les bois clairs et la simplicité du style Biedermeier lancé par Josef Danhauser (1720-1829). Plus tard, Louis Majorelle (1859-1926) mettra les beautés de l'école de Nancy au service d'Erard ou de Steinway, et Émile-Jacques Ruhlmann (1879-1933) à celui de Gaveau. On connaît aussi un Broadwood entièrement décoré par Edward Burne-Jones (1833-1898) à la manière des préraphaélites. Parfois, et même plus souvent, l'ébéniste pastichait un style ancien : pratiquement tous les grands (et les moindres) facteurs offrirent des pianos style Louis XV, plus ou moins couverts de dorures, voire de peintures. Depuis que les frères Goncourt avaient réhabilité l'ameublement et les arts décoratifs du XVIIIe siècle, le vrai (et surtout le faux) Louis XV faisaient rage des deux côtés de l'Atlantique.

•
Le piano gothique de Hohenschwangau. Wagner en joua, paraît-il, pour Louis II. Toutefois, à l'époque de la construction de l'instrument (1842), Wagner ne fréquentait pas encore les châteaux de Bavière.

Dans le domaine des pianos anachroniques, on citera par ailleurs deux exemples particulièrement extraordinaires. Le premier est l'instrument en érable clair de « pur style gothique », construit par Alois Bieben en 1842 pour le château bavarois de Hohenschwangau. Richard Wagner en joua en tête-à-tête pour Louis II ; ce dernier, quand il apprit la mort de « l'ami aimé, unique » le 13 février 1883, fit recouvrir l'instrument d'un drap noir. Le second, peut-être plus confondant encore, est le piano grec de marque Pleiel (lisez « Pleyel »), qui ne devait pas déparer la Villa Kerylos de Beaulieu-sur-Mer, construite sur un modèle du Siècle de Périclès par l'architecte Emmanuel Pontrémoli pour le compte de l'helléniste Salomon Reinach.

Dans le registre de l'exotique, enfin, Frédéric de la Granville a découvert dans les réserves du musée de Châtillon-sur-Seine un piano « arabe » de 1881 (sans doute construit par Henri Bord) « doté d'un très riche décor polychrome à l'orientale : motifs floraux vert et rouge sur fond jaune, nombreuses frises, pieds sculptés, avec l'inscription stylisée « Rien n'est plus grand qu'Allah » répétée huit fois sur le panneau inférieur. » Une autre inscription précise : « Fait pour Ajal Margavt Turk », commanditaire resté mystérieux.

Les malheurs du roi piano

Nul souverain ne reste longtemps incontesté ; les premières attaques contre l'absolutisme du piano furent lancées bien avant que ne soit bouleversé, avec la Première Guerre mondiale, le mode de vie dont la pratique de l'instrument constituait l'une des expressions. Georges Darien lui-même, malgré ses convictions anarchistes, prit la défense de l'instrument, accusé de collusion avec les classes dominantes : « Vous avez des livres, ces compagnons qui ne trompent pas ; un piano, instrument qui ne mérite pas toujours le ridicule dont on l'abreuve » (*Le Voleur*, 1878).

L'intérêt retrouvé pour les musiques « anciennes », la remise à la mode des arts et des techniques du XVIIIe siècle (à laquelle les Goncourt avaient beaucoup contribué) se traduisirent aussi par le retour du clavecin. Dès 1889, Erard et Pleyel proposaient aux amateurs un clavecin inspiré de Pascal Taskin, et Wanda Landowska donna son premier concert de clavecin à Paris en 1903. On répéta alors le jugement de Voltaire en 1774 : « Le pianoforte est un instrument de chaudronnier en comparaison du clavecin ». Comme dans *L'Absente* de Catulle Mendès, le clavecin devint le symbole des « voix chères qui se sont tues » pour une fin de siècle volontiers portée à la nostalgie et à l'archaïsme :

Plein de la voix mêlée autrefois à la sienne
Et triste, un clavecin d'ébène que domine
Une coupe où se meurt, tendre, une balsamine,
Pleure les doigts défunts de la musicienne.

Mais il s'agissait là d'une victoire encore toute morale. Que comptaient les quelques clavecins vendus par Pleyel ou par Erard contre les 26 500 pianos produits en 1910

Piano Erard en acajou sculpté de Louis Majorelle réalisé en 1903-1905 sur le thème de la Mort du cygne. Cartons de marqueterie de Victor Prouvé, père de Jean Prouvé, et successeur de Gallé. Ce piano était destiné à Jean-Baptiste Eugène Corbin, collectionneur et mécène.

Le piano « arabe » de Châtillon-sur-Seine.

Piano quart de queue Schimmel.

par le premier et les 17 000 vendus par le second ? Toutefois, de tels chiffres ne seront plus jamais atteints après la Première Guerre mondiale. On n'en incriminera pas la cherté des instruments : toutes choses égales d'ailleurs, le prix des pianos restait stable par rapport à des revenus qui augmentaient. Ce qui changeait, c'était le monde autour du piano, les modes de vie et les rapports sociaux. Certes, « savoir jouer » du piano demeurait un atout appréciable pour réussir dans le monde. Dans le fameux cycle de *Mapp et Lucia*, d'E. F. Benson, l'héroïne doit en grande partie à « sa » *Sonate au clair de lune* son prestige et le pouvoir qu'elle exerce sur ses amis. Mais cette peinture savoureuse de la bourgeoisie provinciale anglaise d'entre les deux guerres reste fortement marquée de traits victoriens.Au temps des *Temps modernes*, le piano n'est plus au centre du monde familial.

On ne manqua pas d'attribuer cette décadence de la pratique musicale domestique au grand chambardement des valeurs, au laxisme des Années folles, au desserrement des liens familiaux et, surtout, au travail des femmes, de plus en plus fréquent depuis la guerre, qui ne saurait favoriser les soirées autour du piano. Certains y cherchèrent des causes plus spécifiques. Ainsi le chef d'orchestre Piero Coppola affirmait-il : « L'une des raisons primordiales du détachement de la foule envers la chose artistique a été l'exagération de l'engouement sportif, poussé jusqu'à l'excès. [...] On força la jeune génération à ne penser que tennis, football, boxe, courses cyclistes, Tours de France, d'Italie, etc. [...] On a tué le clair de lune et on l'a remplacé par la fonderie d'acier. On a enfoncé par des discours enflammés, par la presse et même par une nouvelle littérature, dans les faibles cerveaux d'une génération ignare, la croyance en la force brutale, l'horreur d'attraper la grippe et d'en mourir au lit. On a élevé les tout jeunes garçons avec des préceptes de gymnastique et on en a fait des cancres gonflés de muscles. » (*Dix-sept Ans de musique à Paris*, 1944.)

Avec plus de raisons peut-être, d'autres accusèrent le cinéma, qui occupait maintenant une place importante, sinon prépondérante dans les distractions familiales – avant que n'apparaisse, dans le salon familial lui-même, un concurrent bien plus dangereux que le sport ou le cinéma : la TSF. La TSF rivalisait en effet avec le piano des demoiselles en chacune de ses fonctions. Moins onéreux qu'un piano, le poste de TSF n'en affichait pas

Pour mieux écouter
les concerts télévisés ?

Deux pianos sans pianiste, musée des Facteurs de Limoux.

À DROITE
Pianista avec pédales d'expression.

À GAUCHE
Piano mécanique.

moins une certaine position sociale : un bon Pathé coûtait 1 750 francs en 1934, presque la moitié d'un petit piano droit. De même que le piano, c'était un meuble, alors de dimensions imposantes, plaqué d'acajou ou de bois verni. La famille et les amis éblouis prennent place autour de l'objet magique, comme naguère autour du clavier. Bientôt complétée par le pick-up, la TSF fait danser et chanter sur tous les rythmes du monde.

Demain, l'image s'ajoutera au son et l'un des plus grands noms de la facture de pianos tentera de survivre en proposant le Pleyelrama, appareil de télévision avec écran géant de soixante-dix centimètres, trois haut-parleurs et ébénisterie de grand luxe… Mais, entre-temps, le piano proprement dit avait été brièvement, mais sérieusement, menacé par un étrange cousin, le « piano sans pianiste ».

Intermezzo : le piano sans pianiste

Après avoir été enfant tisseur de soie, soldat de l'an II, puis plâtrier, coutelier et fondeur de caractères, Joseph Jacquard (1754-1834) songea à la manière de simplifier la pénible profession qu'il avait exercée dans son jeune âge. Il eut l'idée d'utiliser une bande de papier perforée qui entraînait la disposition des fils sur le métier à tisser. Le premier métier de ce genre fut présenté au public en 1801. On sait la révolution qu'il introduisit, d'abord dans le textile puis, au siècle suivant, dans l'informatique, fondée au départ sur la carte perforée. On sait moins que celle-ci fut la cause, jusqu'à la fin des années 1930, d'une mutation extrêmement populaire du piano des familles.

Les premiers brevets visant à appliquer la carte (ou plutôt la bande) perforée au piano furent pris dès 1846 et Pape, infatigable inventeur, s'y intéressa tout de suite. La première application commerciale fut toutefois proposée par Jean-Louis Napoléon Fourneaux en 1863 : le Pianista, étrange instrument qui s'ajoutait au piano mais ne le remplaçait pas. Il consistait en une sorte de console, accolée au clavier d'un piano ordinaire et munie de doigts mécaniques qu'un carton perforé mettait en mouvement. En fonction des

•

PAGES SUIVANTES

Vue d'ensemble des chevalets et des échelles harmoniques.

Extrait de *Tu seras un homme mon fils* de George Sidney (1956) avec Tyron Power, Kim Novak, Rex Thompson.

perforations, les « doigts » appuyaient sur les touches du piano. Par la suite, on perfectionna le système en ajoutant à la console des « pédales d'expression » qui permettaient d'accélérer ou de ralentir le rouleau et de modifier l'équilibre des basses et des aigus. Il était inévitable qu'on en arrivât à incorporer la mécanique dans le piano lui-même : ce fut le Pianola, introduit en 1900 par William B. Tremaine et l'Aeolian Organ & Music Company. La contribution de l'énergie pneumatique, puis de l'électricité allait conférer à ce type d'instrument des possibilités presque illimitées et, partant, une extraordinaire popularité. En 1923, le pourcentage de pianos mécaniques représentait 10 % du total mondial de la production, mais 56 % dans les seuls États-Unis. En 1925, on produisit dans ce dernier pays 169 000 pianos reproducteurs contre 137 000 pianos classiques… Il en existait de tous les genres, depuis le modeste piano mécanique des bastringues jusqu'aux plus luxueux pianos à queue pour rois du corned-beef.

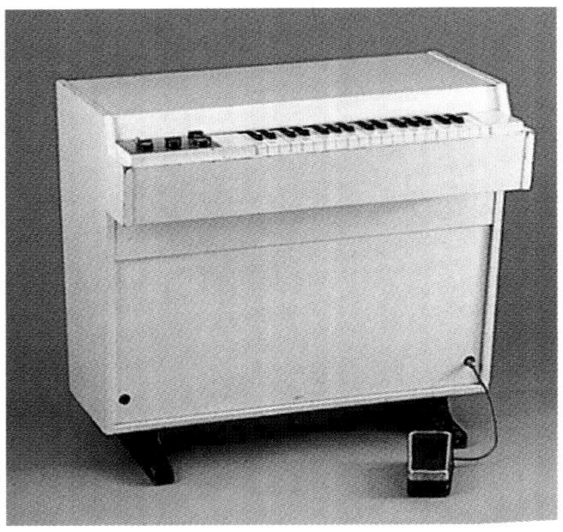

Le Mellotron, construit par Mellotronics vers 1970

Il faut dire que les perfectionnements du piano reproducteur étaient de plus en plus spectaculaires : en 1904 le système Welte Red autorisait la reproduction des nuances, puis ce furent les systèmes Duo-Art, Ampico, etc., extrêmement sophistiqués, qui reconstituaient le jeu des grands pianistes. Car les plus grands interprètes ne dédaignaient pas d'« enregistrer » des rouleaux, qu'il s'agisse des dieux de la musique « classique » (Paderewski, Rachmaninov, Debussy, Rubinstein, Godowsky, etc.) ou des stars de la musique « moderne » (Fats Waller, Wiener, Doucet, etc.). Mais le piano reproducteur, après avoir pratiquement dominé le piano « sur mesure » de 1900 à 1935, allait subir une désaffection aussi rapide que son triomphe. Les progrès considérables de l'enregistrement sonore, notamment l'apparition de l'enregistrement électrique (1925), mettaient dans le salon (voire dans la chambre, dans le jardin, sur la plage) non seulement le piano, mais la voix, le violon, la flûte, la trompette, tout l'orchestre assemblé, tout cela, à bien moindres frais que les Pianola, Phonola, Pleyela et autres Odeola dans un monde que la Grande Crise n'allait pas tarder à appauvrir dramatiquement.

Aujourd'hui, le piano reproducteur, quand il est autre chose qu'une belle et curieuse antiquité, sert parfois à retrouver le phrasé ou le rythme de certains compositeurs comme Gershwin, qui n'enregistra pas de disque mais beaucoup de rouleaux perforés, telle cette *Rhapsody in blue* dans laquelle le piano sans pianiste dialogue avec un orchestre en chair et en os dirigé par Tilson Thomas.

Jean-Sébastien Bach (1685-1750), quelques mesures du *Clavier bien tempéré*. « Pédale » de *fa* de la fugue XI (BWV 880).

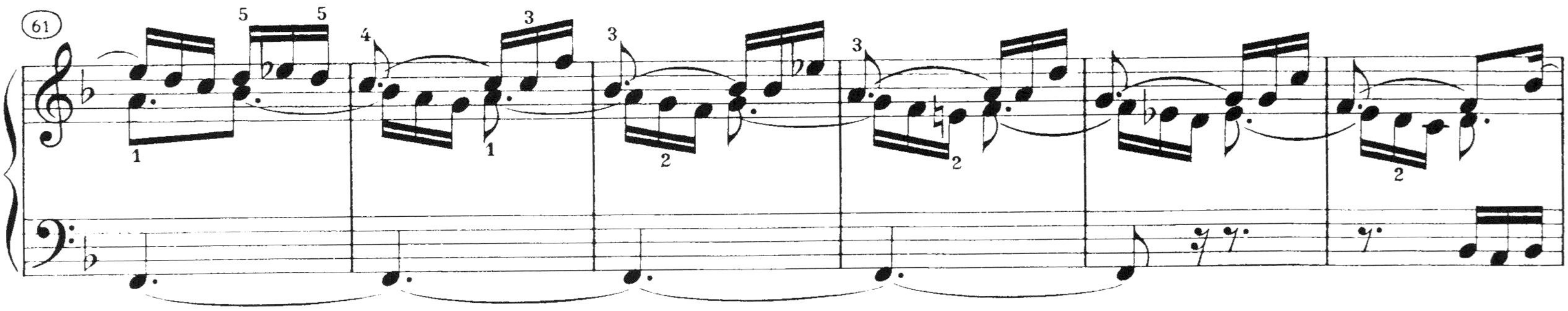

Le tout-électrique

Dans *Le Château des Carpathes* (1892), Jules Verne écrivait : « À cette époque – nous ferons très particulièrement remarquer que cette histoire s'est déroulée dans l'une des dernières années du XIXe siècle – l'emploi de l'électricité, qui est à juste titre considérée comme « l'âme de l'univers », avait été poussé aux derniers perfectionnements. L'illustre Edison et ses disciples avaient parachevé leur œuvre ». Deux ans plus tôt Albert Robida (1848-1926), autre chantre de l'anticipation scientifique, publiait *Le Vingtième Siècle, la vie électrique*. Il était donc inévitable que la fée Électricité, qui transformait l'un après l'autre tous les aspects du quotidien, en vint à s'occuper du piano. On songea tout d'abord à l'électricité pour résoudre un problème classique : rendre de manière tout à fait unie, tout à fait homogène, comme l'orgue peut le faire,une « pédale », c'est-à-dire une note ou un accord prolongés.

En 1886, un Berlinois, Richard Eisenmann appliqua au piano les propriétés de l'électromagnétisme, connues depuis les années 1820. En disposant de petits électroaimants près des cordes, il parvint à faire résonner celles-ci presque indéfiniment. Le procédé fut perfectionné en 1891 par Eugène Singer avec son « Sostenente piano » qui utilisait un courant alternatif. La voie était tracée et les inventions ne cessèrent de se succéder, beaucoup impliquant l'ajout ou la substitution aux cordes de lamelles ou de tiges vibrantes. En 1930, l'Américain Benjamin Franklin Miessner (1890-1980), aux prénoms prometteurs, breveta un piano électrique sans caisse de résonance, qui suscita jusqu'aux années 1960 de très nombreux descendants. On s'écartait ainsi de plus en plus de la définition du piano telle que nous la donnions au début de ce livre : un instrument à clavier et à cordes frappées.

Mais la différence avec le piano allait devenir décisive quand l'électronique supplanta l'électricité. Cette fois, les cordes n'existaient plus et le son était produit par l'amplification de signaux électriques déclenchés par les touches. Les techniques de numérisation permirent au début des années 1980 d'échantillonner les notes d'un « vrai » piano et de produire des sons relativement proches d'un piano acoustique. Le clavier numérique présentait de nombreux avantages : économie de poids, d'encombrement, de prix ; possibilité d'enregistrer les notes jouées grâce au système Midi, voire de les restituer sous forme de partition avec un programme informatique approprié ; faculté

Synthétiseur E-Mu, États-Unis.

Synthétiseur Robert Moog, États-Unis, XXe siècle

•
Extrait de *Suzy et les baker boys* de Steve Kloves (1989) avec Jeff Bridges, Michelle Pfeiffer, Beau Bridges, Elie Raab.

de jouer en « muet », particulièrement appréciée des amateurs dans notre civilisation urbaine. Et *Profession Musique*, organe de la Chambre syndicale de la facture instrumentale, de célébrer les « miracles du numérique », dont on rappelle qu'il s'en vendait 25 000 unités en 2000 contre moins de 15 000 pour les pianos acoustiques : « Polyphonie à 64 ou 128 voies [*sic*], toucher quasi pianistique (avec parfois des simulations de double répétition), meubles de type piano, utilisation de bois massifs, connectique complète... » Toutefois, reconnaît le même bulletin, « arrivé à maturité (mais encore susceptible d'évoluer), le numérique vit aujourd'hui une existence autonome. » En d'autres termes, même quand il s'ingénie à ressembler physiquement, voire acoustiquement au piano (et l'on ne parlera pas des synthétiseurs, qui imitent tous instruments imaginés ou inimaginables), le clavier numérique poursuit une histoire tout à fait différente de celle commencée, voici trois siècles, par Bartolomeo Cristofori.

Il suffit d'avoir des oreilles

•
Pédales de *design* moderne

Menacé par ses parents numériques, concurrencé par les autres moyens de faire ou d'écouter de la musique, confronté à l'offre indéfiniment diversifiée des loisirs modernes, le piano risquait le sort de la vielle à roue ou du cervelas – un comble, au moment où son antique cousin le clavecin connaissait, grâce aux « baroqueux », une triomphale résurrection.

Mais non ! Aux États-Unis, il n'est pas rare que les promoteurs immobiliers incluent le piano dans les accessoires des maisons vendues « tout équipées ». Sur Internet, les sites traitant du piano sont presque aussi nombreux que ceux consacrés au sexe. La revue française *Pianiste* (qui a maintenant une édition anglaise) bat les records de vente de la presse musicale. Jamais autant de mains enfantines n'auront monté et descendu les « marches » blanches et les « feintes » noires. Des centaines de milliers de petits doigts fourmillent dans les conservatoires et les listes d'attente s'allongent démesurément. Le second et le troisième âge n'y trouvent pas moins d'attraits : en France, une femme sur dix, un homme sur vingt affirment savoir jouer du piano. Pourtant, l'instrument ne sert plus guère à épater ses voisins, encore moins à marier ses filles. Quant à la Carte du Tendre, on lui connaît depuis longtemps des routes plus directes.

Bref, le piano de famille reste une valeur sûre. Point n'est besoin d'être historien, sociologue ou économiste pour l'expliquer. Il suffit d'avoir des oreilles.

> Quatre ou cinq fois par an, le mercredi, on nous emmenait, pour le plaisir des uns et l'embêtement des autres, aux « concerts scolaires ». Là, dans un réfectoire aux effluves subtils et tenaces de soupe aux choux, sur des bancs inconfortables, nous écoutions Madame Chose, premier prix du conservatoire de ***, ou Monsieur Machin, de l'Opéra de ***, exécuter leurs compositeurs préférés. Je ne manquais jamais les concerts scolaires. De plus, l'âge venant, l'occasion était trop belle de voir de près les fillettes que nous aimions de loin.
>
> Un mercredi, un mercredi comme les autres, Madame Chose donnait un concert de piano. Mais, pour une fois, l'instrument était accordé. Pour une fois, Madame Chose n'avait pas de moustache. Pour une fois, elle ne faisait pas la guerre à son clavier. Elle jouait *La Cathédrale engloutie* et une main invisible vint prendre la mienne. Je ne regardais plus mes voisines par en dessous. Le monde avait soudain d'autres limites et d'autres règles. Tout devenait indispensable ; tout était chaleur et murmure, désir et plaisir, attente et silence. Je m'entendais respirer, la main pressait ma main à chaque souffle, à chaque battement du cœur enfin perçu.
>
> Depuis, je n'ai plus jamais quitté cette main-là.

Les facteurs

« Doppio Borgato ».

BORGATO Luigi
(né en 1963)
Le plus jeune des « grands » facteurs construisit avec sa femme Paola son premier piano de concert en 1991 en s'inspirant du Graf que possédait Beethoven et des désirs du grand compositeur : quatre cordes par note, double pédale de *forte*. Il a conçu depuis un piano avec pédalier et double caisse extrêmement original, le « Doppio Borgato », pour lequel plusieurs musiciens (notamment Jean Guillou) ont déjà composé des partitions.

BROADWOOD John
(1732-1812)
BROADWOOD Henry Fowler
(1811-1893)
La firme, l'une des plus importantes entreprises londoniennes de toutes catégories vers 1840, déclina fortement dans la seconde partie du XIXe siècle. Elle existe néanmoins toujours et demeure le fournisseur officiel de la Cour de Saint-James depuis George II (1683-1760). C'est la plus ancienne manufacture de pianos au monde.

FAZIOLI Paolo
À la fois pianiste et ingénieur, Paolo Fazioli, dont la famille produisait des meubles depuis plusieurs générations, fonda en 1978 la manufacture qui porte son nom. Uniquement consacrée à la facture de pianos à queue « haut de gamme » et de pianos de concert, elle était la première création d'entreprise de ce genre depuis plus d'un siècle. Les ateliers se trouvent à Sacile, au nord-est de Venise, près de la forêt du Val de Fiemme dont Stradivarius utilisait déjà les sapins rouges pour le bois de ses violons.

GAVEAU Joseph (1824-1903)
GAVEAU Étienne (1872-1943)
La troisième grande manufacture française de pianos fut fondée par Joseph Gaveau en 1847. Tout en produisant des instruments de bonne qualité, elle ne se signala cependant pas par de grandes innovations techniques. On notera cependant qu'Arnold Dolmetch (1858-1940), père du renouveau de la musique ancienne et baroque, se joignit en 1911 à la firme pour y produire des épinettes et des clavicordes.

PAPE Jean Henri
(1789-1875)
Originaire de Sarstedt, près de Hanovre, il vint s'établir à Paris en 1811, auprès de Pleyel, après un voyage en Angleterre. Il s'établit à son compte en 1815 et développa notamment le piano droit à prix modéré. Commerçant très avisé, inventeur d'une exceptionnelle fécondité, Pape déposa plus de cent cinquante brevets ; on lui doit, entre autres, le piano à cordes croisées et le remplacement du cuir des marteaux par du feutre – le même, dit-on, que celui qui ornait les uniformes des grenadiers de la Grande Armée. Bechstein fut son élève.

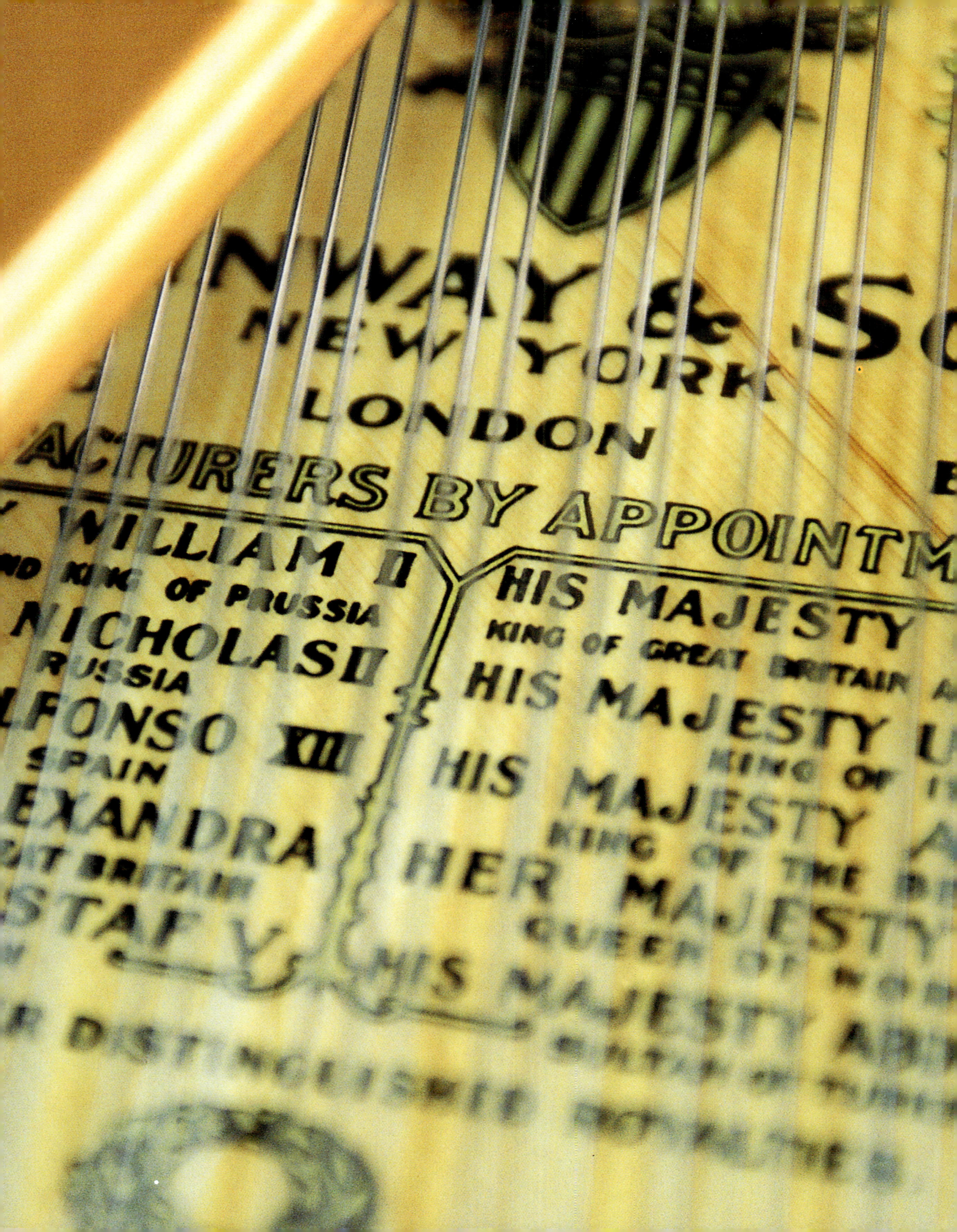
NEW YORK
LONDON
BY APPOINTM
WILLIAM II
KING OF PRUSSIA
NICHOLAS II
RUSSIA
SPAIN
HIS MAJESTY
KING OF GREAT BRITAIN
HIS MAJESTY
HIS MAJESTY
HER MAJESTY
HIS MAJESTY

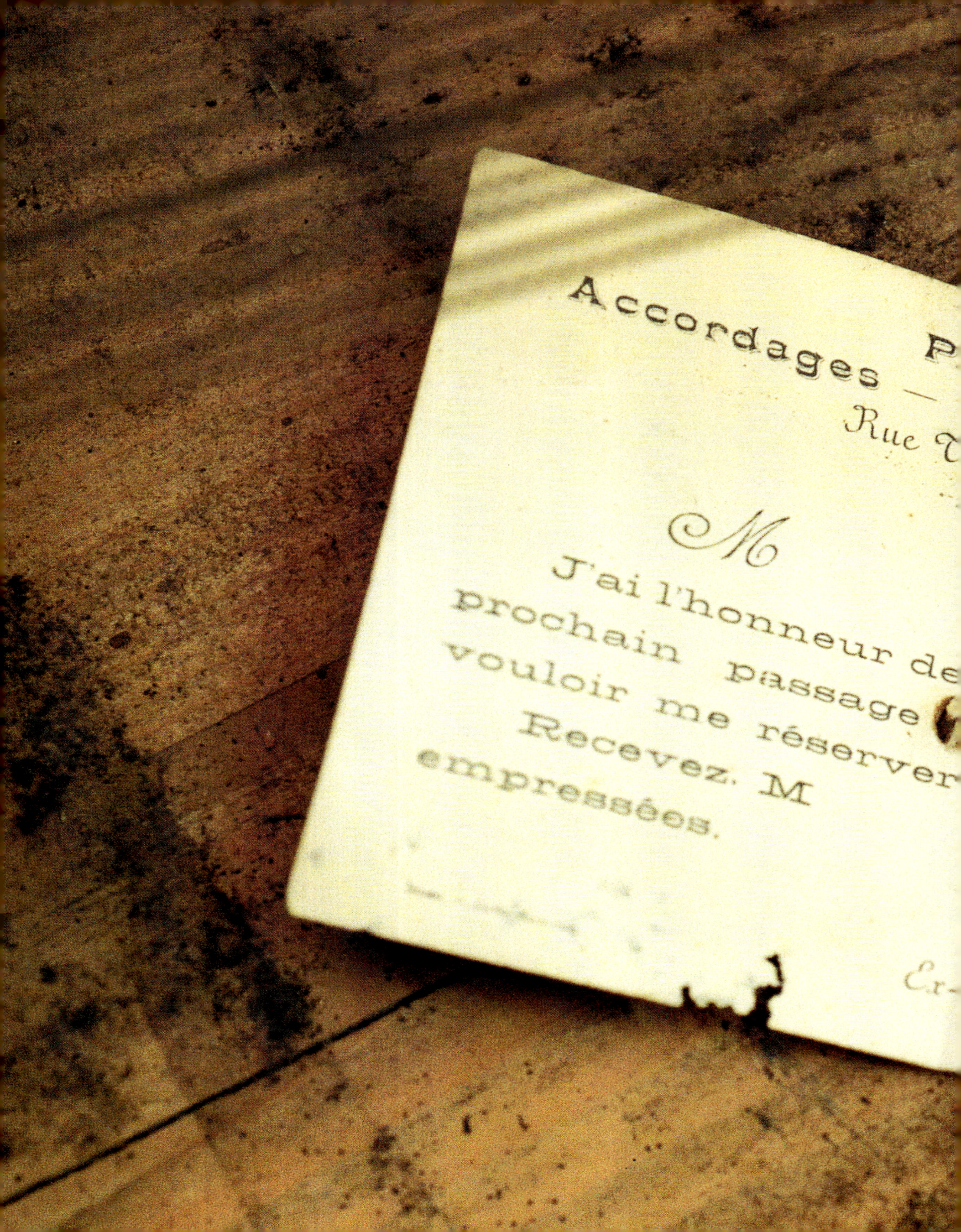
Accordages —
Rue
M
J'ai l'honneur de
prochain passage
vouloir me réserver
Recevez. M
empressées.

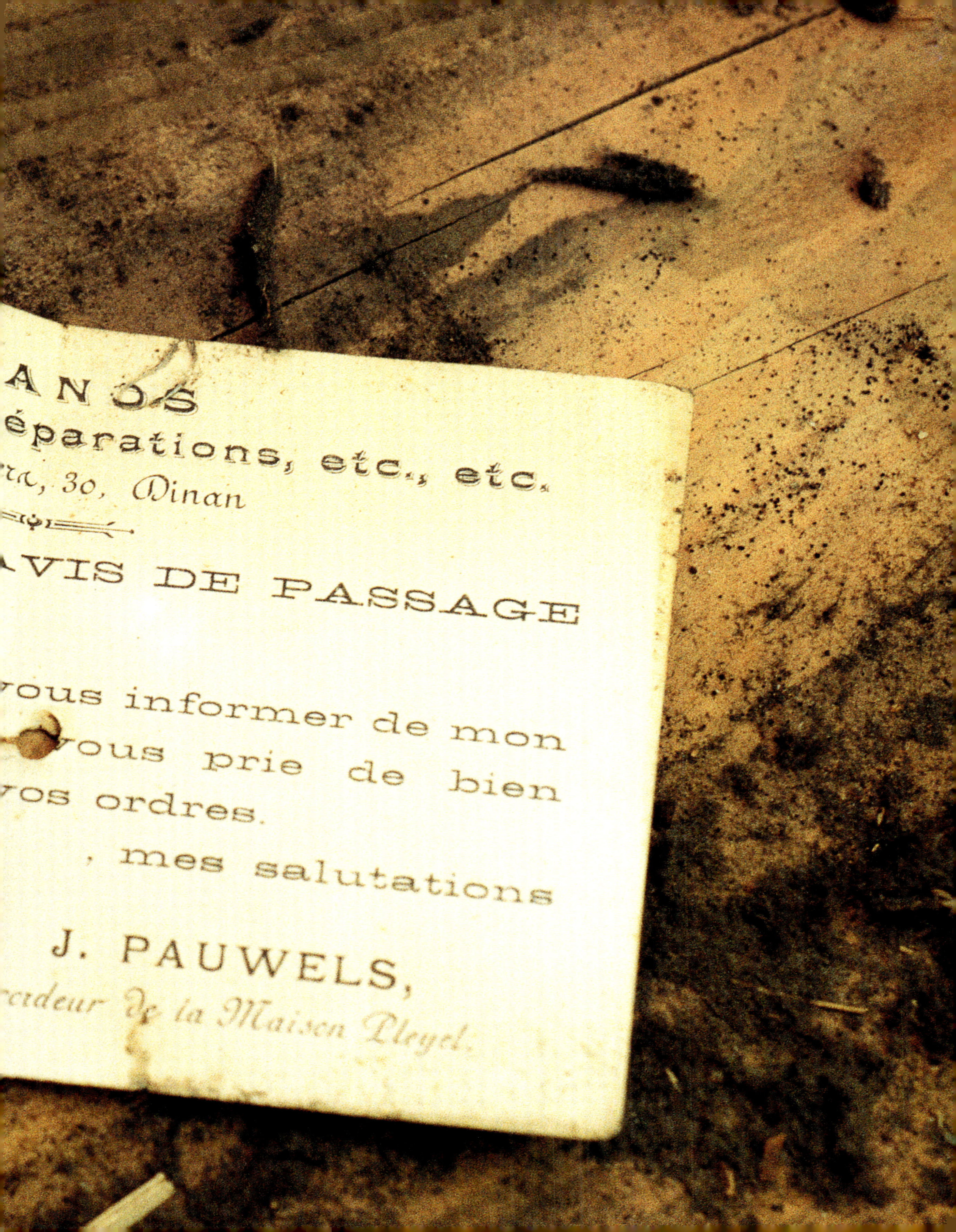
ANOS
éparations, etc., etc.
30, Dinan
AVIS DE PASSAGE
vous informer de mon
vous prie de bien
vos ordres.
, mes salutations
J. PAUWELS,
de la Maison Pleyel.

Figures curieuses, pittoresques ou méconnues de l'univers du piano

Quelques personnages en quête d'auditeurs

ALKAN [Morhange, dit] Charles Valentin (1813-1888)

Élève de Zimmermann, Charles Valentin Alkan fut vite qualifié de « prodigieux pianiste ». Mais ce misanthrope marginal, rigoureux jusqu'à l'excès dans sa conception de la musique en général et du piano en particulier, ne se laissa jamais enfermer dans le carcan du virtuose. Son œuvre, d'une grande originalité et d'une importance considérable, passe pour l'une des plus difficiles de la littérature pianistique. Il pratiqua également un instrument mis au point par Erard, le piano-pédalier (ou « piano à trois mains ») pour lequel il écrivit plusieurs recueils. Destiné au travail des organistes, le piano-pédalier comporte un pédalier, comme un orgue ; il a été récemment perfectionné par le facteur italien Borgato. Marmontel écrivait au sujet d'Alkan : « Son intérêt se doublait d'une sorte de mystère et d'énigme à pénétrer ». Selon certains biographes, que d'autres contredisent, ce personnage étrange et fascinant, juif mystique, fut tué par la chute de sa bibliothèque, dont il tentait de retirer un Talmud.

BLIND TOM [Bethune, dit] Thomas (1849-1908)

Cet esclave noir (Bethune était le nom de son maître), aveugle, totalement autodidacte, fut un pianiste et un compositeur stupéfiant. À la fin de sa vie, son répertoire comptait quelque cinq mille pièces, apprises à l'oreille, allant de Bach aux ballades qu'il composait lui même et qui évoquent déjà le gospel. Après son émancipation, son ancien maître, James Bethune, devint son impresario et le produisit dans de nombreuses et triomphales tournées aux États-Unis et en Europe. Blind Tom avait par ailleurs l'allure d'un retardé mental, mais son talent (à l'époque on parlait de génie !) est attesté par d'innombrables témoins, de Moscheles à Mark Twain. Ce dernier, qui l'entendit en 1869, décrivait avec stupéfaction les performances du pauvre Noir : « Tom pouvait jouer deux airs différents et en chanter un troisième en même temps, en laissant ses auditeurs choisir la tonalité. Je l'ai entendu jouer *Fisher's Hornpipe* de la main droite en *ré* majeur, *Yankee Doodle* de la gauche en *mi* bémol majeur tout en chantant *Tramp, tramp, tramp, the Boys are Marching* en *ut* majeur. C'était un mélange abominable et désordonné de sons, mais on pouvait aisément découvrir qu'il n'y avait aucun « truc » : en suivant les airs un à un, on constatait que la mesure, le mouvement et la mélodie de chacun étaient rendus sans la moindre faute. »

BIZET Georges (1838-1875)

La gloire (posthume) du compositeur de *Carmen* a fait oublier que Bizet fut un pianiste de talent exceptionnel, excellent pédagogue et remarquable transcripteur. Mais Bizet ne se résignait pas au métier d'interprète qui lui aurait pourtant assuré de confortables revenus : « Je joue très bien du piano, disait-il, [...] et j'en vis… mal… car rien au monde ne pourrait me décider à me faire entendre en public – Je trouve ce métier d'exécutant odieux ! – Encore une répugnance ridicule qui me coûte une quinzaine de milliers de francs [environ 100 000 euros] par an. » Bizet a cependant laissé une vingtaine d'œuvres pour le piano, dont certaines d'un réel intérêt.

CHAMINADE Cécile
(1857-1944)

Expédiée en quatre lignes dans le *Dictionnaire de la Musique* de Honegger et en dix dans le Grove (« Beaucoup d'œuvres de Chaminade ne dépassent pas le niveau de la musique de salon »), Cécile Chaminade commit, comme tant d'autres, le crime d'être une femme. Les difficultés qu'elle rencontra au cours de sa carrière l'incitèrent du reste à renoncer à la musique à l'âge de cinquante-sept ans. Cécile Chaminade avait été cependant une grande pianiste – l'Amérique lui fit un triomphe – et une compositrice féconde, auteur non seulement de quelque deux cents partitions pour son instrument, mais aussi d'un opéra-comique, *La Sévillane*, d'un ballet, de mélodies et de plusieurs pièces symphoniques.

CRAS Jean
(1879-1932)

Comme Albert Roussel ou Rimski-Korsakov, Jean Cras fut un marin inspiré par la musique. Il commença à composer dès l'âge de six ans et fut par la suite l'élève d'Henri Duparc, ce qui ne l'empêcha pas de terminer – trop tôt – sa carrière comme amiral. Inventeur de la règle Cras, si utile aux navigateurs, il est aussi le compositeur d'une œuvre musicale extrêmement originale et séduisante que la discographie révèle peu à peu. On le voit ici au piano, dans sa cabine de l'*Amiral Senès* qu'il commandait au début des années 1920.

CZERNY Karl
(1791-1857)

Ce nom, symbole d'exercices difficiles, voire douloureux, sema longtemps la terreur chez les jeunes pianistes. Une grande partie de ses 861 opus (et tous ne sont pas répertoriés !) est

en effet consacrée à des exercices techniques de niveau varié. Cet élève de Beethoven, maître de Liszt, était en effet un pédagogue exceptionnel dont Chopin, avec qui il joua souvent à quatre mains, disait qu'il était plus chaleureux que ses compositions.

DIABELLI Anton
(1781-1858)

La postérité a surtout retenu le nom de Diabelli grâce aux *33 Variations sur une valse de Diabelli* de Beethoven, l'un des sommets de la littérature pianistique. On sait moins que cette œuvre résultait d'une sorte de concours lancé par Diabelli en 1819 à cinquante compositeurs, parmi lesquels Moscheles, Czerny et le jeune Franz Liszt. Il s'agissait en fait d'un « coup de publicité » pour la maison d'édition qu'il dirigeait – il acquit et publia par la suite une grande partie des partitions de Schubert. Ancien moine, Diabelli composa lui-même près de 180 œuvres dont, naturellement, beaucoup de pièces religieuses.

DUSSEK Jan Ladislav
(1760-1812)

Sans doute le premier des grands pianistes virtuoses et le plus illustre de son temps. Selon Fétis : « Jusque-là, le piano n'avait paru qu'avec désavantage dans les concerts mais sous les mains de Dussek il éclipsa tout ce qui l'entourait ». L'oubli relatif dans lequel est tombé ce compositeur aussi célèbre que fécond (son catalogue comporte plus de 250 œuvres) est sans doute très injuste. Plusieurs œuvres de Dussek portent la trace des bouleversements de son temps : *Les Souffrances de la reine de France*, sorte de sonate pour piano entremêlée de textes (1793), *La Bataille navale et la défaite totale de la flotte hollandaise par l'amiral Duncan* (1797), etc.

EDELMANN Jean-Frédéric
(1749-1794)

Cet excellent pianiste et compositeur eut le triste privilège d'être le seul musicien guillotiné au cours de la Terreur. Dans ses *Souvenirs de la Révolution et de l'Empire*, Charles Nodier en trace un portrait assez peu sympathique que ses très belles sonates, récemment exhumées, ne laissent guère deviner :

« Edelman prendrait de droit une place dans les biographies, même quand la révolution aurait oublié de l'inscrire sur ses listes sanglantes. Mal organisé sous plus d'un rapport, il avait été bien organisé pour les arts. La génération actuelle a pu admirer encore au théâtre sa belle et pompeuse musique d'*Ariane dans l'île de Naxos*, et je l'ai entendu vanter à l'égal de Gossec pour certains chants d'église. C'était un petit homme d'une physionomie grêle et triste. Son chapeau rond rabattu, ses lunettes inamovibles, son habit d'une propreté sévère et simple, fermé de boutons de cuivre jusqu'au menton, son langage froidement posé et flegmatiquement sentencieux, composaient un ensemble très médiocrement aimable, mais qui n'avait rien d'absolument repoussant. Uni à Dietrich [le maire de Strasbourg] par une longue intimité, fondée probablement sur leur commune passion pour la musique, il devint un de ses premiers et de ses plus acharnés accusateurs ; je me souvenais de lui avoir entendu dire avec un calme affreux dans sa déposition contre le fameux maire de Strasbourg, au tribunal criminel de Besançon : « Je te pleurerais [*sic*] parce que tu es mon ami, mais tu dois mourir, parce que tu es un traître. »

FIELD John
(1782-1837)
Irlandais protestant, John Field appartenait à une famille de musiciens dont il reçut les premiers rudiments musicaux. Il devint en 1793 l'apprenti de Muzio Clementi (en tant que facteur de pianos) et continua de travailler pour ce dernier, comme vendeur et démonstrateur, jusqu'en 1803. Entre-temps, Field conquit l'Europe (la Russie en particulier) par la finesse et le brillant de son jeu : ne pas avoir entendu Field jouer passait pour « un péché contre l'art et le bon goût ». Field, qui n'écrivit que pour le piano, fut également un compositeur très apprécié, qu'il s'agisse de ses sept concertos pour piano ou de ses très nombreuses pièces pour piano seul, parmi lesquelles les *Nocturnes*, dont il avait inventé le genre et le nom et qui marquèrent beaucoup Chopin. On considère Field (surnommé « John l'ivrogne » en raison de ses penchants) comme le fondateur de l'école romantique de piano.

FURTWÄNGLER Wilhelm
(1886-1954)
Furtwängler aurait pu entreprendre une carrière de pianiste virtuose. Il en avait les dons et la technique. Mais, dans sa jeunesse, il n'envisagea jamais d'autre destin que celui de compositeur et ne devint chef d'orchestre que par nécessité. En fait, son premier poste, en 1905, fut celui de pianiste répétiteur à Breslau. La discographie de Furtwängler porte du reste la trace de ce talent : il est lui-même au clavier dans ses deux enregistrements (1940 et 1950) du *Cinquième Concerto brandebourgeois* de Bach et il accompagne Elisabeth Schwarzkopf dans un récital de *lieder* de Wolf enregistré à Salzbourg en 1953, un an avant sa mort.

GIDE André
(1869-1951)
Dans le *Journal* d'André Gide, la première référence à Chopin remonte à 1893 et la dernière date de 1948, année qui précède la fin du *Journal*. Entre les deux, des centaines de notations attestent de la passion de l'écrivain pour la musique, particulièrement pour Chopin et le piano, dont il jouait fort bien. Passion, certes, mais aussi lucidité d'un homme qui savait fort bien analyser et commenter une partition – on se reportera, entre bien d'autres, aux réflexions sur les *Nocturnes* (7 janvier 1939) et à son jugement sur Chopin : « Jamais on n'écrivit autant de musique avec si peu de notes. »

GODOWSKY Léopold
(1870-1938)
On a dit de Godowsky (dont les dons exceptionnels se révélèrent dès l'âge de trois ans !) qu'il était « un pianiste pour les pianistes comme Shelley était un poète pour les poètes ». Né à Vilnius, enfant prodige puis élève de Saint-Saëns, ce pianiste cosmopolite partagea sa vie entre l'Europe (il succéda à Busoni à l'Académie musicale de Vienne) et les États-Unis, où il était follement adulé du public. Godowsky est l'auteur de pièces pour piano d'une très grande difficulté polyphonique et, surtout, de cinquante-trois études d'après Chopin, transcription curieuse (et réussie) d'œuvres du grand compositeur franco-polonais, réécrites en tenant compte des possibilités modernes du piano et des pianistes.

GOTTSCHALK Louis Moreau
(1829-1869)
Fils d'un négociant anglo-allemand et d'une mère d'origine française, ce natif de La Nouvelle-Orléans fit à Paris des débuts très brillants. Chopin affirma d'ailleurs que le jeune homme âgé de seize ans deviendrait « le roi des pianistes ». En fait, Gottschalk ne tarda pas à devenir l'idole des foules européennes grâce à sa virtuosité et aux pièces de genre qu'il composait : *Bamboula, danse des nègres* ; *La Moissonneuse, mazurka caractéristique* ; *Le Mancenillier, sérénade*… En 1853 il revint aux

États-Unis pour y tenter sa chance, puis se produisit aux Antilles et en Amérique latine. La vie de Gottschalk, dont on ignore beaucoup de péripéties, ressemble au scénario d'un extraordinaire film en technicolor où ne manquent ni les triomphes tapageurs ni les révolutions ni les enlèvements et scandales divers. La maladie le frappa à Rio de Janeiro tandis qu'il jouait en concert *Morte !! lamentation* [*sic*] et il mourut quelques jours plus tard. Gottschalk est l'auteur de plus de trois cents œuvres ; elles sont pour la plupart destinées au piano, mais son catalogue comporte aussi quatre ou cinq opéras, deux symphonies et un concerto. On commence aujourd'hui à redécouvrir la verve savoureuse de ces partitions longtemps oubliées.

GRAINGER Percy (1882-1961)

Pianiste et compositeur américain d'origine australienne, ami de Grieg et de Delius, il se posa en défenseur d'une « démocratie musicale » non conformiste, libérée des contraintes de la mesure et de la tradition européenne. On lui doit la restitution de chants du folklore danois, américain ou britannique, la mise en musique de poèmes de Kipling et d'innombrables pièces plus ou moins marquées par sa conception de la « *free music* ». Certaines, comme *Molly on the Shore* et *Handel in the Strand*, ont connu et continuent de connaître une immense popularité.

HEBENSTREIT Pantaleon (1667-1750)

Compositeur, violoniste, maître de chapelle, il imagina dans les toutes dernières années du XVIIe siècle une sorte de dulcimer très sophistiqué qui comportait 185 cordes et des marteaux à double face – pour le *piano* et pour le *forte*. En 1705, il présenta son invention à Louis XIV qui, enthousiaste, décida que l'instrument porterait le nom de « pantalon » en l'honneur de son concepteur. Collègue puis supérieur de Hebenstreit à la cour d'Eisenach, Telemann fut lui aussi très impressionné par cet ancêtre du piano dont, sans l'autorisation et au grand dam du créateur, le célèbre Silbermann produisit de nombreux exemplaires. Mais le pantalon, trop difficile à jouer, rattrapé par le progrès du piano ne survécut pas.

HESS Myra (1890-1965)

« Je voudrais l'*Ave Maria* de Lipatti… ». C'est ainsi, paraît-il, que les disquaires s'entendent parfois demander la transcription pour piano du choral « Jesu, meine Freude » (Jésus, que ma joie demeure) de la cantate BWV 147 de Jean-Sébastien Bach, dans l'inégalable interprétation de Dinu Lipatti. Il est vrai que cette page constitua une sorte de leitmotiv, de *signature tune* pour le grand pianiste qui la donnait très souvent au concert et l'enregistra plusieurs fois. On sait moins, cependant, que cette transcription n'est pas due à Dinu Lipatti, mais à Dame Myra Hess (1890-1965), autre pianiste célèbre dont la carrière triomphale se déroula surtout en Angleterre et aux États-Unis. Disciple du très réputé pédagogue Tobbias Matthay (1858-1945), lui-même élève de Sterndale Bennett et d'Arthur Sullivan, elle connut le succès dès son premier concert, à dix-sept ans, sous la direction de Sir Thomas Beecham dans le *Quatrième Concerto pour piano* de Beethoven (son favori) et le *Concerto en ut mineur* de Saint-Saëns. Dès lors, elle ne cessa de faire l'unanimité sur son talent et, chose plus rare encore, sur son caractère.
Bien qu'elle eût à son répertoire tous les grands concertos, Myra Hess restait par inclination une chambriste qui joua avec Pablo Casals, Joseph Szigeti ou Isaac Stern. Au fil des années du reste, elle ne cessa d'épurer et d'approfondir un répertoire dont les dernières sonates de Beethoven formaient le sommet. Afin de soutenir le moral des Londoniens pendant les années noires, Myra Hess organisa à midi, du 10 octobre 1939 au 10 avril 1946, dans la National Gallery alors vidée de ses tableaux, un concert presque quotidien – il y en eut 1 698 en tout. Son dévouement lui valut une immense popularité et le titre de *Dame*, homologue féminin de celui de *Sir*.

La beauté, le goût irréprochable, la fidélité à l'esprit de l'œuvre originale d'une transcription comme celle de « Jésus, que ma joie demeure » sont des arguments décisifs dans le (mauvais) procès que l'on fait parfois à cet exercice assez périlleux. Contrairement au dicton, le vrai transcripteur n'est pas plus un *traditore* que le bon traducteur.
Longtemps, du reste, celui-là a rempli la même mission que celui-ci : offrir à tous, en tous lieux, la possibilité d'accéder aux chefs-d'œuvre. Les techniques d'enregistrement et de transmission sonores ont désormais dépossédé de ce rôle exclusif le clavier (clavecin, orgue et surtout piano), si commode pour la diffusion de partitions chorales et/ou orchestrales. Mais la transcription a su trouver ailleurs, et de manière plus essentielle encore, sa justification. Ferruccio Busoni, prince des transcripteurs, démontrait de façon lumineuse cette légitimité : toute notation, remarque-t-il, est déjà la transcription d'une invention d'abord abstraite. À l'instant même où la plume s'en empare, l'idée perd son caractère original. En

se décidant pour une certaine construction et une certaine instrumentation, le compositeur altère et délimite de plus en plus sa pensée première. Voilà le premier « arrangement » de l'original. Et Busoni d'ajouter : « D'ailleurs, toute interprétation est elle aussi une sorte de transcription. Même d'allure très libre, elle ne détruit pas plus le texte original que ne le fait la transcription ». La pertinence de cette observation a d'autant plus de force que Busoni était lui-même un excellent compositeur. Avec lui, la liste des grands transcripteurs de l'histoire comprend des noms comme ceux de Mozart, de Liszt, de Schumann, de Schoenberg, de Webern et, pour commencer, celui de Jean-Sébastien Bach en personne... Certes, entre la transcription, genre éminemment respectable, et l'arrangement, exercice souvent irrespectueux, la frontière reste parfois difficile à déterminer. Littré, qui n'était pourtant guère musicien, énonce un principe simple, que nul ne saurait contester : « La mélodie et l'harmonie doivent se retrouver entières, ainsi que l'expression ». Voilà qui, en même temps, propose un règlement amiable de la grande guerre entre militants du clavecin et fanatiques du piano – voire du pianoforte.

HUGO Victor (1802-1885)

Contemporain de Victor Hugo, l'excellent poète Théodore de Banville persiflait :

> *On cause chez Victor Hugo*
> *Sans redouter nul pianiste.*
> *Tout flûtiste ou violoniste*
> *Est reçu là comme Iago.*
> *Pas d'accueil pour le symphoniste !*
> *On cause chez Victor Hugo*
> *Sans redouter nul pianiste...*

Quant aux rapports avec les compositeurs, tout le monde connaît la fameuse admonestation : « Défense de mettre de la musique le long de mes vers ! » Enfin, dans son *Dictionnaire de la Musique*, Marc Honegger conclut ainsi sa notice sur Hugo : « Bien que ses poésies soient souvent des chefs-d'œuvre d'orchestration des sonorités et des rythmes, Victor Hugo ne manifesta jamais un intérêt particulier pour la musique et les musiciens ». La cause est donc entendue.
Mal entendue, plutôt. Car la « mélophobie » de Victor Hugo n'est qu'une légende ou, plus exactement, une rumeur. Assurément, Banville, qui ne pouvait pas ne pas connaître les relations amicales de Hugo avec la plupart des grands musiciens de son temps, n'a pas résisté au plaisir d'un bon mot. Quant à l'interdiction de Hugo

qui aurait été adressée à l'éditeur Escudier, aucun « hugologue » n'en a jamais retrouvé la trace et, si le mot était authentique, il ne pourrait concerner que la liberté avec laquelle les compositeurs adaptèrent, sans payer, les textes et les drames de Hugo – les frères Escudier, on s'en souvient, étaient les éditeurs français des opéras de Verdi, de *Rigoletto* en particulier. Quant à Marc Honegger, il s'est contenté, comme beaucoup, de répéter la rumeur. Certes, on ne saurait comparer Hugo avec les grands mélomanes de la littérature de son temps comme Stendhal, Nerval ou Tourgueniev. Mais on ne saurait non plus le ranger aux côtés de Flaubert et des Goncourt, qui avouaient leur « surdité musicale » ou de l'auteur des *Trois Mousquetaires*, dont Berlioz disait : « Alexandre Dumas n'aime même pas la mauvaise musique ! ». En fait, l'un des tout premiers textes en prose de Hugo est... une critique musicale parue dans *Le Conservateur littéraire* en 1820, qui fait l'éloge d'*Olympie*, opéra de Spontini. Le premier musicien à lier une véritable amitié avec Victor Hugo fut Franz Liszt. Dès 1827 – il n'avait que seize ans – Liszt adressa à Hugo un petit billet qui invitait le poète à venir l'entendre chez Erard, ce qui montre que le jeune pianiste savait – ce que d'autres sources confirment – que Hugo était un familier des concerts. En 1832, pendant l'épidémie de choléra, Liszt se rendait presque tous les jours chez Hugo à qui il jouait la marche funèbre de la *Sonate en la bémol majeur* (opus 26) de Beethoven. Deux ans plus tard, en 1834, Hugo répétait à Liszt : « Je vous aime toujours de tout mon cœur ; la seule chose qui m'affligerait quand je pense à vous, ce serait de devenir sourd. » En 1836, quand Liszt revint à Paris avec Marie d'Agoult, craignant un peu l'accueil que leur réserverait la bonne société, Victor Hugo – avec Rossini, Meyerbeer, Berlioz et Chopin – fut des habitués de l'Hôtel de France, rue Laffitte, où le couple adultère était descendu. Nul pianiste ?
Et maintenant, le plus beau ! En mai 1835, Hugo commença à prendre des leçons de piano... avec sa fille Léopoldine alors âgée de onze ans (qui périra noyée à Villequier avec son mari Charles Vacquerie le 4 septembre 1843) et bien entendu avec le grand musicien. « Didine et Liszt me donnent des leçons de piano, écrit-il à Louise Bertin. Je commence à exécuter avec un seul doigt d'une manière satisfaisante « Jamais dans ces beaux lieux ». Je ne comprends pas comment ma fille ne vous raconte pas ce grand événement. » Il y eut toujours, du reste, un piano chez les Hugo, même à Jersey ou à Guernesey où à côté de sa fille, dans la solitude de la nuit, Victor Hugo écoutait jouer, interminablement, la pauvre Adèle H...

JAËLL Marie, née Trautmann (1846-1925)

Épouse du pianiste virtuose Alfred Jaëll (1832-1882) et non moins douée que son mari, elle reste aujourd'hui célèbre par l'influence qu'elle exerça sur la pédagogie du piano. Ses vues, exposées dans ses nombreux ouvrages, se fondaient sur la physiologie naturelle de la main. Amie de Franz Liszt, elle eut notamment pour élève Albert Schweitzer. On lui doit un certain nombre de partitions, dont un concerto en *ré* mineur pour piano. Arthur Pougin – peu aimable en général avec les femmes musiciennes – classait l'auteur de cette œuvre « au nombre des artistes les plus distingués ».

LOTI Pierre (1850-1923)

Pierre Loti garda toujours un piano à portée de ses doigts, à bord de *La Flore* ou du *Vautour*, et, cela va sans dire, dans ses maisons d'Hendaye ou de Rochefort. On voit encore dans le salon rouge de cette dernière le piano carré qu'on lui acheta en 1863. Loti, qui aimait Gluck, Chopin, Liszt, Franck, Vincent d'Indy ou Wagner, s'accompagnait lui-même en chantant les mélodies de son ami Reynaldo Hahn ou d'Augusta Holmès à qui il écrivait : « J'ai chanté les exquises choses que vous m'avez envoyées, et je les aime tellement qu'il me semble, quand je les chante, que ma voix devienne beaucoup plus vibrante et plus douée… »

LOUŸS Pierre (1870-1925)

« J'ai eu dans ma vie cent curiosités, j'ai voulu avoir des clartés de tout », écrivait à Paul Valéry l'auteur des *Chansons de Bilitis* et d'*Aphrodite*. La musique était toutefois bien plus qu'une curiosité pour Pierre Louÿs. Excellent pianiste, il était devenu à quinze ans un wagnérien fanatique. Sa rencontre chez Mallarmé avec Debussy, dont il devint un ami fidèle, le convertit à une esthétique musicale bien différente. Pierre Louÿs considérait la littérature comme « un art bien impuissant auprès de l'admirable musique ». On connaît de lui au moins une partition, *La Chanson des Rois mages*, publiée dans la *Revue blanche*.

LIBERACE Wladziu (Walter) Valentino (1919-1987)

Né aux États-Unis à West Allis (Wisconsin) dans une famille de musiciens, il se révéla si doué pour le piano que le grand Paderewski le fit entrer au Wisconsin College of Music. Il avait débuté, trois ans auparavant, avec l'orchestre symphonique de Chicago sous la direction de Frédéric Stock. Mais en 1939, après un récital classique, il accepta de jouer en bis un air populaire, *Three Little Fishes*. Le triomphe fut si complet que Liberace consacra désormais son activité au show-business à l'américaine et devint le « pianiste et le musicien le mieux payé au monde », si l'on en croit le *Guinness Book of World Records*. Bon an mal an en effet, ses revenus annuels s'élevaient en moyenne à cinq millions de dollars. Avec ses pianos construits « sur mesure » (il en possédait trente-neuf !), ses vêtements de scène époustouflants, il fit l'objet d'un véritable culte dont témoignent toujours aujourd'hui un musée Liberace à Las Vegas et la fondation Liberace. Il reste le symbole du « kitsch américain petit-bourgeois ».

MARCEL Gabriel (1889-1973)

On ignore trop souvent que le philosophe de « l'existentialisme chrétien » fut un musicien averti. Ses talents de pianiste rivalisaient presque avec ceux d'un grand professionnel et il montrait des dons particuliers pour l'improvisation. À deux reprises, pendant son adolescence et vers la cinquantaine, il envisagea même de s'adonner exclusivement à la composition – on lui doit des œuvres tout à fait intéressantes, des mélodies en particulier. Enfin, musicologue et critique musical, l'auteur du *Mystère de l'Être* a laissé de nombreux articles et essais sur la musique, dont beaucoup consacrés aux compositeurs dont il était le contemporain (Dukas, Ravel, Fauré, Roussel, d'Indy, Stravinsky, etc.).

MEYER Léopold de (1816- ?)

J'ai choisi Léopold de Meyer, un peu au hasard, comme représentatif d'un goût pianistique très courant au XIXe siècle et pratiquement disparu aujourd'hui – en dehors peut-être du show-business. Comme je n'ai pas trouvé trace de sa carrière en dehors de la notice que Fétis lui consacre dans sa *Biographie universelle des musiciens*, je me contenterai de citer ce qu'en dit l'illustre musicologue : « Son premier maître de piano fut François Schubert, qui lui donna des leçons pendant deux ans ; puis il devint élève de Charles Czerny, et enfin passa pendant quelques mois sous la direction de Fischhof. La méthode classique et patiente de ces maîtres n'avait pas d'attrait pour Léopold de Meyer, dont le caractère excentrique ne se plaisait qu'aux tours de force sur le clavier. Il se décida, tout à coup, à n'avoir plus d'autre guide que son instinct, et à se faire une manière dont le but était de causer plus d'étonnement que de plaisir. […] Au commencement de 1844, Léopold de Meyer donna sept concerts à Vienne, à la suite desquels il fut nommé membre du Conservatoire de cette ville. Au mois d'octobre de la même année, il partit pour Paris et s'arrêta quelque temps à Francfort pour y donner des concerts. Arrivé dans la capitale de la France, il y étonna par sa fougueuse exécution […]. Léopold de Meyer a des doigts fort brillants, mais il tire un mauvais son de l'instrument, et l'on reproche avec justesse à son exécution de manquer de goût et de charme. Étranger à la musique classique, il ne connaît guère que ses propres œuvres, si cela peut s'appeler des œuvres. Dans le catalogue de ces productions, on voit une *Marche marocaine*, qui a eu beaucoup de retentissement, un *Air guerrier des Turcs*, un *Air national des Turcs*, la *Marche triomphale d'Isly*, une *Étude de bataille*, une *Fantaisie orientale sur des airs arabes*, la

Danse du Sérail, une *Fantaisie sur des airs russes*, des *Airs russes variés*, une *Fantaisie sur un air bohémien*, une *Grande Fantaisie sur des airs américains*, des *Variations sur le Carnaval de Venise*, etc. »

MOKE Marie (1811-1875)

À dix-neuf ans, Marie Moke était déjà une interprète et une pédagogue connue. Fiancée à Hector Berlioz, elle le trahit pendant le séjour de ce dernier à la villa Médicis pour épouser Camille Pleyel, fils d'Ignace. On sait que Berlioz quitta Rome afin de « tuer sans rémission deux femmes coupables [Marie et sa mère qui n'aimait guère Hector] et un innocent [Pleyel] » mais que, heureusement pour lui et pour la musique, la douceur de Nice lui fit interrompre sa chevauchée vengeresse. Marie Moke-Pleyel poursuivit une brillante carrière qui la mena aux quatre coins de l'Europe. Chopin lui dédia ses trois *Nocturnes* opus 9 et Liszt, avec qui elle jouait à quatre mains, ses *Réminiscences de la Norma* et quelques autres pièces.

MOSZKOWSKI Moritz (1854-1925)

Compter Moritz Moszkowski parmi les personnalités pittoresques ou méconnues de l'univers pianistique pourrait sembler paradoxal. Sa vie fut sans histoire et son œuvre, la plus jouée sans doute de toute la littérature pour piano, grâce aux millions d'élèves de tout niveau auxquelles les pièces de Moszkowski sont imposées, au sens littéral de ce terme. Pourtant, si les professeurs prêtaient attention une seule fois, non à la technique de l'élève, mais à la musique elle-même, ils constateraient qu'il s'agit là de partitions pleines de charme et de subtilité qui ne méritent pas le sort souvent cruel auquel ils les condamnent. Il semble aussi que ces « exercices » aient totalement oblitéré une œuvre variée, qui comporte entre autres un opéra, *Boabdil der letzte Mauernkonig*, un ballet, des pièces symphoniques et un concerto pour violon. Moritz Moszkowski fut le maître de Wanda Landowska. Il avait épousé la sœur de Cécile Chaminade.

MOZART F. Xaver Wolfgang (1791-1844)

Cadet des deux fils survivants de Wolfgang Amadeus, élève de Hummel et de Salieri, il commença à composer dès l'âge de onze ans et donna son premier grand concert à quatorze ans. Il ne réalisa pas tous les espoirs que l'on formait pour lui (Salieri lui prédisait un avenir aussi glorieux que celui de son père) mais mena cependant une brillante carrière de pianiste et de pédagogue. On lui doit un certain nombre de compositions, en particulier deux concertos pour piano d'un intérêt non négligeable.

NIETZSCHE Friedrich (1844-1900)

« Quant à moi, je suis encore assez Polonais pour cela, je donnerais pour Chopin tout le reste de la musique » ... Les diatribes de Nietzsche contre Wagner, bien connues, ont fait oublier que le philosophe était aussi un excellent pianiste. Nietzsche composa beaucoup dans sa jeunesse ; le catalogue assez abondant de ses œuvres compte de nombreuses pièces pour piano, souvent inachevées.

PADEREWSKI Ignacy (1860-1941)

Paderewski est sans doute le seul grand pianiste professionnel à avoir été chef d'État et ambassadeur. Lors de la guerre de 1914-1918, il connaissait déjà une très grande renommée, aux États-Unis comme en Europe. Mais c'est en négociateur et en chef du gouvernement provisoire polonais qu'il participa à la Conférence de la paix à Versailles lorsque l'indépendance de son pays fut enfin reconnue. Retiré en Suisse, il fit un dernier voyage pour supplier les États-Unis de voler au secours de son pays envahi par les nazis. Paderewski était un pianiste chez qui la passion l'emportait sur la rigueur – ce qui fut, le cas de beaucoup d'interprètes de sa génération. Le marchand de tableaux René Gimpel, qui le rencontra à New York, en trace dans ses *Carnets* un portrait fulgurant : « Fini, il ne joue plus ; il lutte et comme il est beau ! Il est là sur l'estrade ; il est maigre, le damné et divin défenseur de sa patrie, en habit, les cheveux épars et superbe ! Il parle avec hardiesse et beauté dans une agitation continue et entraînante » (14 juillet 1918). C'était aussi un compositeur, assez injustement oublié aujourd'hui. Son catalogue, qui ne se limite pas au piano, comprend aussi une sonate pour violon, des mélodies, une symphonie et un opéra, *Manru*.

PARADIS [ou Paradies] Maria Theresa von (1759-1824)

Cette pianiste aveugle, fille d'un haut fonctionnaire des Habsbourg, jouissait en son temps d'une très grande célébrité et se produisit partout en Europe. Elle fut l'amie de Salieri et de Mozart, qui écrivit pour elle son concerto en *si* bémol majeur K 456. Elle composa également (sur une machine inventée à son intention) des œuvres lyriques et instrumentales qui eurent un grand succès. On ne la confondra pas avec Domenico Paradies (1707-1791), auteur entre autres de douze sonates pour clavecin dont l'allegro de la sixième est demeuré très célèbre.

PLANTÉ François
(1839-1934)

Le nom de Planté semble bien oublié aujourd'hui. C'est pourtant celui du plus grand pianiste français du XIXe siècle. Premier prix de piano du Conservatoire à onze ans, introduit par Liszt et par Rossini dans la société musicale parisienne, il s'offusqua du bruit des conversations lors d'un récital à la Société des concerts du Conservatoire, en février 1861. Il repartit alors pour ses Pyrénées natales et ne se montra plus à Paris avant 1872. La suite de sa carrière, en France et en Europe, fut véritablement triomphale. Pougin, le grand critique musical de la fin du siècle, n'avait pas assez de mots pour louer « le moelleux, la souplesse et la grâce de son doigté, son phrasé si riche et si libre, son goût si exquis et si pur ». Contrairement à beaucoup de pianistes de son époque (dont son ami Franz Liszt), son maintien au piano était « absolument tranquille, aisé, sans raideur et exempt de tous mouvements et de toutes contorsions ».

SCHMID [ou Schmidt] Tobias
(fin du XVIIIe siècle)

Ce facteur de clavecin allemand établi à Paris vers 1785 inventa non seulement un « piano harmonica qui file et enfle les sons à volonté… », mais aussi un scaphandre, une charrue mécanique, une échelle de sauvetage pour pompiers. Son œuvre la plus connue reste cependant… la première guillotine, sur les plans du secrétaire perpétuel de l'Académie de chirurgie (!) et inaugurée (?) le 25 avril 1792. Il reçut pour cela 824 livres (de 5 000 à 6 000 euros environ) et reçut commande d'en construire une pour chaque département… Il reste aussi de lui deux pianofortes.

SEGALEN Victor
(1878-1919)

Excellent pianiste (et violoniste), le poète des *Stèles* était aussi compositeur. On n'a pas retrouvé la partition dont il parle dans une lettre à sa mère de 1899 : « Le piano est libre. J'y bondis pour continuer un poème symphonique avec glas à l'appui ». On connaît néanmoins de lui plusieurs mélodies sur des poèmes de Pierre Richard ou de Jehan Rictus, voire sur des textes en prose de Flaubert ou de Remy de Gourmont. Plus tard, Segalen proposa à Debussy d'écrire avec lui un opéra, *Siddharta*, et publia dans le *Mercure musical* d'octobre 1907 un essai d'ethnomusicologie, « Voix mortes : Musiques maori », dédié à Debussy.

SHORE [ou Shaw] John
(vers 1662-1752)

Cet excellent musicien facteur d'instruments, qui interprétait les parties difficiles de trompette dans les œuvres de Purcell, est généralement considéré comme l'inventeur du diapason à fourche, qui avant la diffusion du diapason électronique fut le complément indispensable de l'instrument de musique. La hauteur du la_3 donné par cet accessoire était sans doute de 422 Hz, c'est-à-dire significativement en dessous de celle de nos normes actuelles (440 Hz).

SINDING Christian
(1856-1941)

L'immense popularité de certains de ses thèmes romantiques (qui continuent à nourrir l'heure bleue des pianistes de bar) a sans doute nui à ce compositeur norvégien, auteur d'une œuvre considérable nullement limitée au piano.

VERDI Giuseppe
(1813-1901)

Candidat à l'admission au conservatoire de Milan en 1832, Verdi fut recalé *sine die* parce qu'il « résultait de son examen de piano qu'il n'avait pas les dispositions requises ». Il lui fallut donc recourir à des cours particuliers pour poursuivre ses études musicales. La plupart de ceux qui entendirent Verdi, avant ou après son échec, louaient pourtant son talent pianistique. La vérité se situe sans doute à mi-chemin entre la sévérité des examinateurs et l'admiration de ses auditeurs, les premiers, critiques d'une technique assez approximative acquise tant bien que mal à Busseto, et les seconds surtout sensibles au tempérament du compositeur.

WITTGENSTEIN Paul
(1887-1961)

Petit-neveu du grand violoniste Joseph Joachim et frère de Ludwig Wittgenstein (l'auteur du *Tractatus logico-philosophicus*), Paul Wittgenstein perdit le bras droit au cours de la Première Guerre mondiale mais n'en poursuivit pas moins sa carrière de pianiste virtuose. Ravel composa pour lui son *Concerto pour la main gauche*. Cette œuvre, du reste, déplut à Wittgenstein, qui ne la joua jamais. Mais le répertoire du pianiste manchot comportait beaucoup d'autres œuvres écrites à son intention, notamment par Strauss, Britten, Prokofiev, Hindemith, Korngold, Franz Schmidt et quelques autres…

PAGE SUIVANTE

Extrait de *Shine* de Scott Hicks (1997) avec Noah Taylor et Armin Mueller-Stahl.

Index

Index sélectif
Les grandes firmes sont indiquées en italiques, sans distinction entre le ou les personnalité(s) et la marque.
Les inventeurs individuels figurent en romain, comme les autres personnages cités.

Crédits photographiques

ABRÉVIATIONS
h : haut, b : bas, d : droite, g : gauche, m : milieu.

L'ESSENTIEL DU REPORTAGE PHOTOGRAPHIQUE TECHNIQUE EST DE GILBERT NENCIOLI à l'exception des documents des pages 26-27, 62-63, 74 h, 90-91, 114, 152, 155b, 158, 164, 165 qui nous ont été très aimablement prêtés par la société PIANOS SCHIMMEL À BRAUNSCHWEIG (Allemagne).
Les photographies prises au musée des Facteurs de Limoux l'ont été avec l'aimable autorisation de l'Association Française des Accordeurs et Réparateurs de Pianos.

p. 10 h : Musée d'Art et d'archéologie de Laon (Aisne), photo J.-P. Jorrand.
p. 11 : Collection musée de la Musique, photo J.-M. Anglès.
p. 12 h : Collection musée de la Musique, photo J.-M. Anglès.
p. 12 b : Collection G. Berlioz.
p. 13 h et b : Collection musée de la Musique, photo J.-M. Anglès.
p. 15 : Metropolitan Museum de New York.
p. 19 h et b : Ch. Bastin & J. Evrard.
pp. 20-21 : Photo CNAC/MNAM dist. RMN, ADAGP 2002.
p. 23 m : Collection musée de la Musique, photo A. Giordan.
p. 28 : Collection Christophe L.
p. 44 : Collection musée de la Musique, photo A. Giordan.
p. 45 : Gilbert Nencioli.
pp. 46-47 : Archives Steinway & Sons.
p. 48 : Collection Roger-Viollet.
pp. 52-53 : Collection Cahiers du cinéma, © Jérémie Nassif.
p. 54 : Roger-Viollet.
p. 57 : Archives Steinway.
p. 66 : Collection Christophe L.
p. 76 : Collection Christophe L.
p. 78 h et p. 79 : Collection musée de la Musique, photo J.-M. Anglès.
p. 80 h et b : Collection musée de la Musique, photo A. Giordan.
p. p. 81 : Collection musée de la Musique, photo A. Giordan.
pp. 82, 92 : Collection Christophe L.
p. 94 : Collection Viollet.
p. 95 : Demart Pro Arte B. V. 2002, Genève © Photo Jacques Faujour /CNAC/MNAM Dist. RMN.
pp. 96 b et 97 : Ch. Bastin & J. Evrard.
pp. 98-99, 100 et 101 : Ch. Bastin & J. Evrard.
p. 102 : Collection Christophe L.
pp. 104-105, 106, 107 : Ch. Bastin & J. Evrard.
p. 109 h et b : Photo RMN - H. Lewandowski.
p. 110 : Château de Compiègne, Photo RMN – Arnaudet.
p. 111 : Roger-Viollet
p. 113 : Collection de l'AFARP, photo Gilbert Nencioli.
p. 115 : Collection Christophe L.
pp. 116 et 117 : Lipnitzki/Roger-Viollet.
p. 119 : Roger-Viollet.
p. 120 : Harlingue - Viollet.
p. 121 : Collection Roger-Viollet.
p. 122 : Collection Christophe L.
p. 124 : Collection Cahiers du cinéma.
p. 125 : Collection Viollet.
pp. 126-127, 128 : Collection Christophe L.
p. 130 : Marc Walter.
p. 131 : Musée national du château de Versailles, dépôt du musée de la Musique, photo J.-M. Anglès.
pp. 132-133, 134 b : Marc Walter.
p. 135 : Harlingue - Roger-Viollet.
p. 137 : Collection Christophe L.
p. 138 : Roger-Viollet.
p. 140 : Ch. Bastin & J. Evrard.
p. 142 : Harlingue - Viollet.
p. 143 : Roger - Viollet.
p. 145 : Collection Christophe L.
pp. 146 et 147 : Photo RMN- H. Lewandowski.
p. 148 : Roger - Viollet.
p. 149 : ND - Viollet.
p. 151 : Archives Steinway.
p. 153 : Collection Cahiers du cinéma.
p. 155 h : Musée de l'école de Nancy, cliché Claude Philippot.
pp. 156 b et 157b : Collection de l'AFARP, photo Gilbert Nencioli.
p. 159 : Collection Christophe L.
pp. 160 h : Collection musée de la Musique, photo J.-M. Anglès.
p. 161 bd et bg : Collection musée de la Musique, photo J.-M. Anglès.
pp. 162-163 : Collection Christophe L.
pp. 167, 168-169 : Gilbert Nencioli.
p. 178 : Collection Christophe L.

Du même auteur

Les Philosophes, roman, Éditions du Scorpion, 1960.
« La musique de la Révolution française » et « César Franck, les franckistes et Chabrier » in *Histoire de la musique occidentale*, Fayard, « Les indispensables », 1983 et éditions suivantes.
Furtwängler, une biographie par le disque, Pierre Belfond, 1986.
Augusta Holmès, l'outrancière, biographie littéraire, Pierre Belfond, 1987, édition révisée en préparation.
L'Assassinat de Jean-Marie Leclair, récit, Pierre Belfond, 1990.
Histoire de la musique anglaise, Fayard, « Les chemins de la musique », 1992.
Les Musiciens et la Franc-maçonnerie, Fayard, « Les chemins de la musique », 1993.
Maisons de musiciens, photographies de Christine Bastin et Jacques Evrard, Éditions du Chêne, 1997.
Paris des artistes, photographies de Jean-Marie del Moral, Éditions du Chêne, 1998.
Paris vu du ciel, photographies de Yann Arthus-Bertrand, Éditions du Chêne, 1998.
La Sicile au temps des Guépards, vie quotidienne d'une aristocratie, photographies de Jean-Bernard Naudin, Éditions du Chêne, 2000.
Le Siècle de feu de l'Opéra italien, photographies de Sylvia Lelli et Roberto Mazotti, Éditions du Chêne, 2000.
Verdi par Verdi, Éditions de l'Archipel, 2001.
Wilhelm Furtwängler, la puissance et la gloire, Éditions de l'Archipel, 2001.
L'Église, la Musique et les Musiciens, Fayard, « Les chemins de la musique », 2003.

PRINCIPALES CONTRIBUTIONS
« Les célébrations républicaines en France après la Révolution », *Musica e realtà*, 1990.
« Légendes maçonniques autour de Mozart », in *Mozart, origines et transformations d'un mythe*, Peter Lang/Centre de recherches révolutionnaires et romantiques, université de Clermont-Ferrand, 1993.
« Purcell, musicien anglais », *Études*, 1995.
« *Apollo et Hyacinthus* de Mozart », *Musique et culture*, 1995.
« Napoléon et la musique », *Publications du musée de l'Armée*, 1996.
« Wagner et Paris, Paris et Wagner, chronique littéraire d'une tragicomédie musicale », à paraître.

TRADUCTIONS
Portrait d'un homme du siècle, traduction et adaptation de l'autobiographie de Franco Zeffirelli, Pierre Belfond, 1989.
Verdi, préface, traduction et révision de l'ouvrage de Mary Jane Phillips Matz, Fayard, « Les grandes biographies », 1996.
Une vie pour la musique – Conversations avec Karajan, traduction de l'ouvrage de Richard Osborne, Éditions de l'Archipel, 1999.

Remerciements

GÉRARD GEFEN REMERCIE
pour leur aide amicale
Cristina Ariagno,
Olivier Barli,
Gérard Berlioz,
J.-F. Bouchène,
Katia Chocquer,
J.-P. Cuerq,
Sébastian Danchin,
M. Desfougères,
Paolo Fazioli,
Frédéric de la Granville,
C. Jorand,
Jackie Nebout,
Gérard Parmentier,
Elisabeth Pilwachs,
Leo Spellman,
Carla-Maria Tarditi,
Jean-Jacques Trinque,
les établissements Bedel,
les établissements Desfougères,
les Pianos Magne
et tout particulièrement
Jacques Coquelin.

L'ÉDITEUR REMERCIE
François Huertas.

RESPONSABLE ÉDITORIALE
Colette Véron
RESPONSABLE ARTISTIQUE
Nancy Dorking
LECTURE-CORRECTION
Monique Pouradier Duteil
CONCEPTION ET RÉALISATION
Baylaucq and Co

PHOTOGRAVURE
Chromostyle à Tours

ACHEVÉ D'IMPRIMER EN FRANCE
chez Mame à Tours
DÉPÔT LÉGAL : 25 933, NOVEMBRE 2002
ISBN : 2.84277.384.5
34/1546/0-01